I

Willkommen in Deutschland

Deutsch als Zweitsprache für Jugendliche

Birgitta Reddig-Korn
Constanze Velimvassakis

Mildenberger

Inhaltsverzeichnis

Bildquellenverzeichnis

stock.adobe.com: Franz Pfluegl: S. 4, kehr design: S. 10, Kara: S. 10, 16, 30, 38, 48, Zerbor: S. 11, 14, 36, photo 5000: S. 11, eflstudioart: S. 11, 14, gomolach: S. 11, Valentina R.: S. 11, 14, bahram7: S. 11, 14, natali1991: S. 11, william87: S. 12, unpict: S. 14, Anna Reich: S. 20, Ilya Zaytsev: S. 21, 26, BildPix.de: S. 28, 33, .shock: S. 28, 31, 38, 62, PictureP.: S. 29, Africa Studio: S. 30, 38, Punto Studio Foto: S. 30, snyGGG: S. 31, winyu: S. 31, Thaut Images: S. 31, 33, 38, bluedesign: S. 31, karnizz: S. 32, 38, Jacek Chabraszewski: S. 33, freepeoplea: S. 34, Marco2811: S. 34, Antonioguillem: S. 38, kagemusha: S. 40, ExQuisine: S. 40, margo555: S. 41, Timmary: S. 41, Matthias Buehner: S. 42, juefraphoto: S. 44, pico: S. 45, robert6666: S. 48, SolisImages: S. 55, Jan Engel: S. 55, 57, Dream-Emotion: S. 55, LightingKreative: S. 59, cheekylorns: S. 59, Smileus: S. 59, bokstaz: S. 59, pb press: S. 59, gudkovandrey: S. 59, Michael Tieck: S. 59, fieldwork: S. 59, ondreicka: S. 59, tiverylucky: S. 59, Mikael Damkier: S. 59, Pakhnyushchyy: S. 59, Cybrain: S. 60, Konstantinos Moraiti: S. 61, DURIS Guillaume: S. 64, Style-Photography: S. 64, 72, homydesign: S. 66, missty: S. 66, denis_333: S. 66, atoss: S. 66, Tim UR: S. 66, Alexander Raths: S. 66, fotoVISION360: S. 66, Björn Wylezich: S. 69, vencav: S. 72
iStock: Aldo Murillo: S. 5, Kali Nine LLC: S. 8, 46, 48, Donald Erickson: S. 10, 14, ac_bnphotos: S. 10, 14, 48, Mark Gillow: S. 10, Lauri Patterson: S. 10, 14, George Clerk: S. 11, 68, 72, Shelly Perry: S. 12, VladTeodor: S. 12, mihailomilovanovic: S. 12, tibor 5: S. 14, 18, 19, 20, Pavliha: S. 16, 26, aristeer: S. 16, 19, 26, jsolie: S. 16, malerapaso: S. 16, 41, Sezeryadigar: S. 18, 19, 21, 26, kyoshino: S. 18, 19, 20, gopfaster: S. 18, 19, winterling: S. 18, 19, 21, 26, GoodLifeStudio: S. 18, 19, 26, Mosutatsu: S. 18, 19, 26, Evgeny Karandaev: S. 18, 19, 26, High Impact Photography: S. 19, uatp2: S. 19, 20, bernie_moto: S. 19, vasabii: S. 19, &#169 design56: S. 19, 26, &#169 Maksym Bondarchuk: S. 21, Katrin Solansky: S. 21, kemie: S. 21, 26, BraunS: S. 22, deepblue4you: S. 22, Carmen Martínez Banús: S. 22, MarcoMarchi; S. 22, mediaphotos: S. 22, AJWatt: S. 22, laflor: S. 22, 42, Mohd Khairi Ibrahim: S. 24, tomazl: S. 25, denisovd: S. 26, Michael Luhrenberg: S. 28, 29, 34, jojoo64: S. 29, iArt101: S. 29, ollo: S. 30, sturti: S. 30, Peter Kim: S. 30, Richard-7: S. 30, Wouter van Caspel: S. 30, Franz Wilhelm Franzelin: S. 30, Leonid Andronov: S. 30, 38, gpointstudio: S. 31, 33, ewg3D: S. 31, 38, visionchina: S. 34, M_a_y_a: S. 34, kevinjeon00: S. 34, Reddiplomat: S. 40, Bartosz Hadyniak: S. 40, Juanmonino: S. 40, Ísmail Çiydem: S. 40, visualspace: S. 40, Zurijeta: S. 40, Yuri_Arcurs: S. 40, 60, monkeybusinessimages: S. 41, 44, 52, 60, 61, EdnaM: S. 41, 50, tatniz: S. 41, TokenPhoto: S. 41, JackJelly: S. 41, RedHelga: S. 41, Pavel Hlystov: S. 41, tomap49: S. 42, 43, 50, Diane Diederich: S. 42, KatarzynaBialasiewicz: S. 42, 43, 50, NelleG: S. 42, 43, 50, FOTOGRAFIA INC.: S. 42, 43, 50, Geber86: S. 44, Carlos Gawronski: S. 44, biffspandex: S. 44, Ikonoklast_Fotografie: S. 45, benimage: S. 48, 60, rvimages: S. 48, Dave Hopkins: S. 50, burin099: S. 50, gerenme: S. 50, camilla wisbauer: S. 50, vm: S. 53, Nadezda Verbenko: S. 54, 62, Tarzhanova: S. 54, 62, Omer Yurdakul Gundogdu: S. 54, 62, Peter-John Freeman: S. 54, meral yildirim: S. 54, 62, Leonid Nyshko: S. 54, 62, agencyby: S. 54, Photology1971: S. 54, 62, Lexa11: S. 54, Hedda Gjerpen: S. 54, pearleye: S. 54, 62, urfinguss: S. 54, 62, FlamingPumpkin: S. 54, 62, gary milner: S. 55, 62, tkimbro001: S. 55, skynesher: S. 55, technotr: S. 55, microgen: S. 55, IS_ImageSource: S. 55, namibelephant: S. 59, USO: S. 59, compassandcamera: S. 59, Pierre-Yves Babelon: S. 59, Heatherfaye: S. 59, Mark Evans: S. 59, ajt: S. 60, lzf: S. 60, Tim Fan: S. 61, Jacob Wackerhausen: S. 61, vencavolrab: S. 66, Andreas Kaspar: S. 67, choja: S. 67, kasjato: S. 68, 69, fotokostic: S. 68, Oleg Saenko: S. 68, 72, VitalyEdush: S. 68, jpgfactory: S. 68, John Carnemolla: S. 68, iShootPhotos LLC: S. 68, honster: S. 68, kurmyshov: S. 68, FrancescoRizzato: S. 68, 69, alexsl: S. 68, PopoudinaSvetlana: S. 68, mari_art: S. 68, skhoward: S. 68, 72, bluejayphoto: S. 68, 75, Maui01: S. 68, iso_petrov: S. 69, Nature247: S. 72, jaap-willem: S. 72, Pgiam: S. 72, 4maksym: S. 72, RED_SPY: S. 72, chrisinthai: S. 75, Nikada: S. 75, AndreyKrav: S. 75, bernd jonas: S. 75, Sven Hoppe: S. 75, Richard Schmidt-Zuper: S. 75
H.-J. Sydow: S. 66
Jutta Wetzel, Siegburg: S. 74
Peter Wirtz, Dormagen (mit freundlicher Unterstützung durch das Theodor-Schwann-Kolleg, Neuss und den Jugendmigrationsdienst für den Rhein-Kreis Neuss): S. 6, 7, 12, 16, 18, 20, 22, 23, 24, 25, 26, 71

Hallo!

1 **Schreibe die Namen auf und streiche die falschen Buchstaben.**

Mein Name ist …

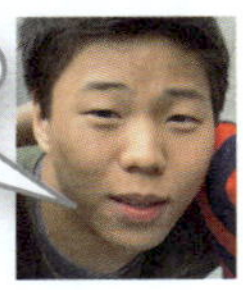 Paul ______

 ______

 ______

 ______

P	~~i~~	a	u	~~x~~	l	
L	m	i	s	i	a	
e	Z	i	e	n	a	l
A	x	h	m	i	e	t

2 **Das ist …**

Das ist ______. 

Das ______. 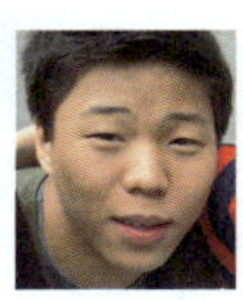

______ 

______ 

3 **Trage deinen Namen ein.**

Mein Name ist ______.

4a **Trage in das Band unten die Wortgrenzen ein, z. B.:**

Hallo|Guten|Tag

b **Lies die Wörter laut.**

HalloGutenTagHalloDasistHalloichbinistichbinistHall

5a Sprich nach.

Guten Tag!

Mein Name ist …

Hallo, ich heiße …

Hallo, ich bin …

b Begrüßt euch und stellt euch gegenseitig vor.

6 Wie können sich Tina, Hedda, Abdul und Hassan auch begrüßen? Sprich laut und schreibe auf.

agdasPaulNameistHalloGutenTagDasistHalloichbinist

Hallo!

1 Ordne die folgenden Sätze den Sprechblasen oben zu. Unterstreiche sie in derselben Farbe. Spielt die Szenen nach.

Ich bin Frau Korn. | Ich bin Kim. | Mein Name ist Nadim. | Tschüs! Ich gehe! | Ich heiße Lana. | Guten Tag. | Wie heißt du?

2 Markiere die richtigen Buchstaben farbig und schreibe das Wort ab. Lies den Lösungssatz.

x	M	e	o	i	n			__________
N	t	a	l	m	e			__________
S	x	h	o	i	m	s	t	__________
K	i	b	l	p	m			__________

HalloichheißeKimichbin16JahrealtmeinNameistLar

3a Lies laut, was der Jugendliche sagt.

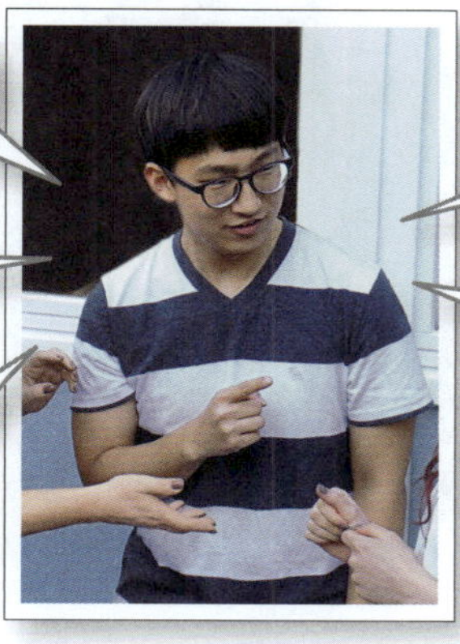

Hallo!

Ich heiße Kim.

Ich bin 16 Jahre alt.

Wie heißt du?

Wie alt bist du?

b Ergänze die Lücken und sprich dazu. Verwende die Namen …

… Paul

… Selina

… Ali

… Selda

Ich heiße ______________________.

Ich bin ______________________ Jahre alt.

Du heißt ______________________.

Du bist ______________________ Jahre alt.

Zahlen + Zahlen

0 null
1 eins
2 zwei
3 drei
4 vier
5 fünf
6 sechs
7 sieben
8 acht
9 neun
10 zehn
11 elf
12 zwölf
13 dreizehn
14 vierzehn
15 fünfzehn
16 sechzehn
17 siebzehn
18 achtzehn
19 neunzehn
20 zwanzig

4a Unterstreiche die folgenden Wörter und das entsprechende Wort im Wortband unten mit derselben Farbe.

Hallo ich heiße mein Name ist ich bin du

b Schreibe die Wörter aus Aufgabe a ab.

____

____

c Wie viele Buchstaben hat das Wort? Zähle laut. Schreibe die Zahl in das Kästchen und sprich die Zahl laut.

T s c h ü s ☐ i c h ☐ h e i ß e ☐ m e i n ☐

N a m e ☐ i s t ☐ b i n ☐ d u ☐

einHalloichNameheißeistbinichheißeduichHalloKimich

Hallo!

1 a **Auf Seite 7 hast du das Fragewort „Wie?“ kennen gelernt. Welches Wort ist im Dialog neu? Schreibe es auf.** ____________

b **Markiere im Fragezeichen rechts die Wortgrenzen. Lies die Wörter laut vor. Schreibe die fünf Fragewörter auf.**

werwowiewaswowiewiewaswowiewoherwas

wie

____

2 **Hier wirst du gefragt:** **Hier kannst du antworten:**

Hier wirst du gefragt:	Hier kannst du antworten:
Wie heißt du?	Ich heiße ____________.
Wo wohnst du?	Ich wohne in ____________.
Woher kommst du?	Ich komme aus ____________.
Wer ist dein Freund / deine Freundin?	____________ ist mein Freund / meine Freundin.
Was magst du?	Ich mag ____________.

Markiere die Fragewörter farbig.

3 a **Trage deine Adresse ein.**

Name: ____________

Straße: ____________

PLZ Ort ____________

Telefon: ____________

b **Schreibt eure Adresse auf Kärtchen und tauscht sie in der Klasse aus.**

____

____

____

____

wowerwiedieFreundedieFreundinnenderFreundAdress

4 Ergänze die Sätze. Konjugiere die Verben *heißen* und *kommen*.

Wie heißt er?	Er heißt ________________
Wie alt ist er?	Er ist ________ Jahre alt.
Was mag er?	Er ________________
Wo wohnt er?	Er ________ in ________
Woher kommt er?	Er ________ aus ________
Wie heißt sie?	Sie heißt ________________
Was mag sie?	Sie ________________
Wo wohnt sie?	Sie ________ in ________
Woher kommt sie?	Sie ________ aus ________
Wie alt ist sie?	Sie ist ________ Jahre alt.

heißen + heißen + heißen + heißen

ich heiße ________
du ________
____
____
____
____

kommen + kommen + kommen

ich komme ________
du ________
____
____
____
____

5a Verbinde die Satzbausteine.
Markiere die Frage und die passende Antwort in derselben Farbe.

Wie	kommst du?
Ich komme	heißt du?
Wo	magst du?
Woher	Abdul.
Ich heiße	Freunde.
Was	in Karlsruhe.
Ich wohne	wohnst du?
Ich mag	aus Syrien.

b Schreibe den Dialog in dein Heft. Lest mit verteilten Rollen.

erkommstwoherwoFreundewowerwiealtFreunddieFreunde

Hallo!

Hallo Ahmet! Magst du das Eis?

Nein danke. Das Eis mag ich nicht.

Ich liebe das Eis.

Was!? Das Eis magst du nicht!?

1 Was magst du? – Entscheide dich und kreuze an:

Magst du das Eis?
- [ ] Ja, das Eis mag ich.
- [ ] Nein, das Eis mag ich nicht.

Magst du das Obst?
- [ ] Ja, das Obst mag ich.
- [ ] Nein, das Obst mag ich nicht.

Magst du das Buch?
- [ ] Ja, das Buch mag ich.
- [ ] Nein, das Buch mag ich nicht.

Magst du die Schokolade?
- [ ] Ja, die Schokolade mag ich.
- [ ] Nein, die Schokolade mag ich nicht.

Weitere mögliche Antworten:
Ja, gerne!
Nein danke!

Schreibe zwei weitere Beispiele.

Magst du das Brötchen?

____

____

Magst du die Pizza?

____

____

ichmagdumagstnichtdasEismagnichtdasObstdasBrötche

2 **Kennst du die Zahlen noch? Wie viele Dinge siehst du? Schreibe die Zahlen aus.**

____

3 **Lies die Wörter laut und schreibe die passenden Pluralformen mit Artikel dazu. Markiere die Endung farbig.**

Singular	Plural
der Stern	die Sterne
die Kerze	______
das Herz	______
der Baum	______
die Wolke	______
das Blatt	______

Wolken

Herzen

Bäume

Blätter

Kerzen

4 **Übertrage die Singularformen in die Tabelle.**

der	die	das
______	______	______
______	______	______

5a **Wie oft findest du die angegebenen Wörter im Band unten? Markiere sie im Band und trage die Zahl in das entsprechende Kästchen ein.**

Ich ☐ mag ☐ die ☐ Pizza ☐ nicht ☐.

b **Lies den Lösungssatz laut.**

hdaswasichdasBuchnichtdiePizzamagnichtderBaumdie

Hallo!

1 Richtig oder falsch? – Kreuze an.

- ☐ Das ist mein Freund Simon.
- ☐ Das ist meine Freundin Lisa.

- ☐ Lena mag das Eis.
- ☐ Lena mag das Eis nicht.

- ☐ Das sind meine Freunde.
- ☐ Das sind meine Äpfel.

- ☐ Zeynab ist 65 Jahre alt.
- ☐ Zeynab ist 15 Jahre alt.

2 Setze die richtige Verbform ein.

Ich ________ Frau Korn.

Das ________ Kim.

Das ________ Faris und Amela.

Wer ________ du?

Wie ________ dein Name?

Ich ________ Sanela.

Das ________ Amela.

Amela ________ meine Freundin.

sein

- ich bin
- du bist
- er/sie/es ist
- wir sind
- ihr seid
- sie sind

3 Formuliere mit Hilfe der Informationen vollständige Sätze. Stelle die Jugendlichen der Klasse mündlich vor.

- Hassan
- Irak
- 15
- Passau

- Emre und Zeynab
- 12 und 14
- Afghanistan
- Freiburg

- ________
- ________
- ________
- ________

AufWiedersehensiesindFreundekennenjaichbindubis

4 Finde die Zahlwörter im Gitterrätsel und ergänze die Lückenwörter.

w	t	h	l	z	w	e	i
v	i	e	r	z	e	h	n
c	h	b	e	l	f	r	w
v	u	e	i	n	s	g	l
z	w	ö	l	f	t	y	k
a	r	k	z	e	h	n	m
q	f	ü	n	f	k	i	b
s	i	e	b	e	n	l	c

ei_____s

zw_______

f_____nf

s_____ben

z_____hn

e_____f

z_____ölf

v_____rzehn

5 Weißt du es noch? Was sagt man zur Begrüßung, was zur Verabschiedung? Markiere Begrüßungen grün und Verabschiedungen rot.

Ich gehe!

Tschüs!

Hallo!

Bis bald!

Auf Wiedersehen!

Guten Tag!

Quer durch Deutschland

Erkennst du das Bauwerk?
Wenn du nicht sicher bist, schau auf Seite 75 nach.

Das ist das ______________________________.

Es steht in ______________________________.

Die Stadt hat ____________________ Einwohner.

Die Stadt gehört zum Bundesland _______________

____________________.

rsieistsiesindFreundeichbindubistTschüsichgeheFrau

Hallo!

Teste dich!

1 Schreibe die folgenden Wörter mit dem Artikel auf:

 Eis
 Stern
 Schokolade

 Apfel
 Baum
 Herz

 Buch
 Pizza
 Obst

das Eis, ____________________

____

2 Lies den Text laut und schreibe vier passende Fragen dazu.

Hallo!

Mein Name ist Talibe. ____________________

Ich bin vierzehn Jahre alt. ____________________

Ich komme aus Syrien. ____________________

Ich mag Schokolade. ____________________

3 Konjugiere das Verb *sein*.

ich	du	er/sie/es	wir	ihr	sie

4 Ergänze den Lückentext.

Hallo, das ____________ Ahmet.

Er ________ 15 Jahre ________.

Er kommt ________ Syrien.

Abdul und Ahmet ____________ Freunde.

Zeyna ________ 14 Jahre alt.

Sie ________ meine Freundin.

Ahmet und Zeyna ________ meine Freunde.

Sie ______________ aus Syrien.

Wichtige Wörter

Guten Tag!
Hallo!
Auf Wiedersehen!
Tschüs!

der Freund
die Freunde
die Freundin
die Freundinnen
der Name
die Namen

das Buch
die Bücher
das Herz
die Herzen

das Brötchen
die Brötchen
das Eis
das Obst
die Pizza
die Schokolade

der Baum
die Bäume
der Stern
die Sterne
die Wolke
die Wolken

das Jahr
die Jahre
der Sport
die Zahl
die Zahlen

gehen
heißen
kommen
lieben
mögen
sein
ich bin, du bist, er/sie/es ist
wohnen

alt

ich
du

mein, meine
dein, deine

ja
nein
danke

was?
wer?
wie?
wo?
woher?

Schule

Das ist eine Schule.

Das ist ein Klassenzimmer.

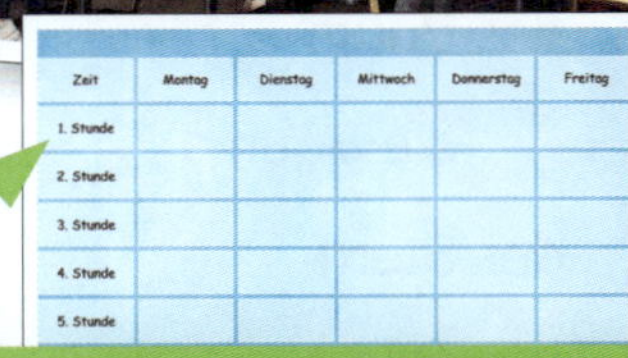

Das ist ein Stundenplan.

Das sind Schulsachen.

Das ist ein Rucksack.

1 **Verbinde jedes Wort mit dem richtigen Bild oben.**

die Schulsachen

der Stundenplan · die Schule · der Rucksack · das Klassenzimmer

2a **Ergänze die Sätze.**

mein	meine
Klassenzimmer	Stifte
Stundenplan	Hefte
Rucksack	Bücher

 Das ist meine Schule.

Das ist ______________________. 

 Das ______________________.

______________________. 

 Das sind meine Schulsachen.

Das sind ______________________. 

 Das ______________________.

______________________. 

b **Ergänze die Sätze.**

dein	deine
Klassenzimmer	Stifte
Stundenplan	Hefte
Rucksack	Bücher

 Das ist deine Schule.

Das ist ______________________. 

 Das ______________________.

______________________. 

 Das sind deine Schulsachen.

Das sind ______________________. 

 Das ______________________.

______________________. 

einmeineSchuledeinRucksackSchulsachenKlassenzimme

3a Lies den Text laut.

Ich gehe in die Bachschloss-Schule.
Ich gehe in die 8. Klasse.
Ich gehe jeden Tag in den Unterricht.
Ich mag meine Klasse.

b Ergänze nach dem Muster in Aufgabe 3a, was auf dich zutrifft.

Ich gehe ______________________.

Ich gehe ______________________.

Ich gehe ______________________.

Ich ______________________.

c Frage deinen Partner / deine Partnerin.

______________________ die 8. Klasse?

______________________ jeden Tag in den Unterricht?

Magst du ______________________?

4a Ergänze die fehlenden Verbformen.

	ich	du	er/sie/es	wir	ihr	sie
gehen	gehe	gehst	geht	gehen	geht	gehen
finden	finde	findest			findet	finden
kommen		kommst			kommt	kommen
haben		hast	hat	haben	habt	

b Bilde mit den Verbformen in Aufgabe 4a und den Wörtern in den Bausteinen Sätze.

____

____

____

____

Bücher | Hefte | deine | in die Schule | in das Klassenzimmer | meine | nicht

neineKlasseTaggehengehsthabenkommendugehstichhaben

Schule

1 Was ist das? – Schreibe den abgebildeten Gegenstand auf.

 Das ist ein ____________________.

 Das ist ein ____________________.

 Das ist eine ____________________.

 Das ist eine ____________________.

 Das ist eine ____________________.

2 Markiere in der Wörterschlange jedes Wort im Singular und im Plural in derselben Farbe.

3 Trage die Wörter aus der Wörterschlange nach Singular und Plural geordnet ein.

Singular	Plural
der Stift	die Stifte
____________	____________
____________	____________
____________	____________
____________	____________

4a Lies und ergänze nach dem Muster in der Sprechblase.
Verwende Wortmaterial aus der Wörterschlange.

Wo ist ____________ Flasche?

Ich finde ____________ Flasche ____________!

Wo ______________________________?

Ich ______________________________!

Wo ______________________________?

Ich ______________________________!

Wo ______________________________ Mäppchen?

Ich ____________ Mäppchen ____________!

eindeinmeinedeinederdiedaswowasHandyJackeTischMütz

b Frage nach den abgebildeten Gegenständen. Antworte mit einer Verneinung. Schreibe auf und sprich.

 Wo ________________________________?

Ich ________________________________!

 Wo ________________________________?

Ich ________________________________!

 Wo ________________________________?

Ich ________________________________!

 Wo ________________________________?

Ich ________________________________!

5 Lies die Fragen und die Antworten. Bilde mit den abgebildeten Gegenständen Fragen und Antworten wie im Beispiel. Schreibe weitere Sätze in dein Heft.

Beispiel: Ist das dein Rucksack?
Ja, das ist mein Rucksack!

Ist das deine Jacke?
Nein, das ist nicht meine Jacke!

6 Packe deinen Rucksack für die Schule. Was gehört hinein? Spielt gemeinsam nach den Regeln „Ich packe meinen Koffer“.

Ich brauche mein Buch.

Ich ____

____

____

____

7 Ergänze den Text. Vergleiche mit deinem Partner / deiner Partnerin.

Hassan sucht ____________ Handy.

Er findet ________________ nicht.

Selda hat ________________ nicht.

Aylem hat ____________ auch nicht. ____________ ist das Handy?

Hassan = **er**
Handy = **es**

indeinmeinedeinederdiedaswowasSchereFlascheRucksack

Schule

1 **Kennst du die Wochentage?**
Verbinde die richtigen Bausteine.
Schreibe die Wochentage in dein Heft.

Frei- | Diens- | Sams- | Donners- | Mon- | Mitt- | Sonn-

-tag | -tag | -tag | -tag | -tag | -tag | -woch

2 **Ergänze den Lückentext.**

Die Woche hat ______________ Tage.

Am Mon__________, Diens__________, Mitt__________, Donners__________ und Frei__________

gehen wir in ________ Schule.

Am Sams________ und Sonn________ haben wir frei.

Sams________ und Sonn________ sind das Wochenende.

3 **Ergänze die Lücken.**

$\frac{1}{2} + \frac{3}{4} = ?$: Wir haben jetzt ______________________________.

: Wir haben jetzt ______________________________.

: Wir ______________________________.

: Wir ______________________________.

: Wir ______________________________.

$\frac{1}{2} + \frac{3}{4} = ?$ Mathe(matik) | Deutsch | Sport | Musik | Kunst

MontagDienstagMittwochDonnerstagFreitagSamstagSonnta

**4a Lest euch den Stundenplan vor. Wechselt euch ab.
Sprecht in vollständigen Sätzen.**

Beispiel: Am Montag haben wir Kunst, Mathe, Erdkunde und Deutsch.

STUNDENPLAN

Zeit	Montag	Dienstag	Mittwoch	Donnerstag	Freitag
1. Stunde	Kunst	Deutsch	Musik	Sport	Deutsch
2. Stunde	Kunst	Deutsch	Erdkunde	Sport	Deutsch
3. Stunde	Mathe	Informatik	Deutsch	Deutsch	Mathe
4. Stunde	Erdkunde	Sport	Mathe	Geschichte	Wirtschaft
5. Stunde	Deutsch	Biologie	Deutsch	Informatik	Biologie
6. Stunde	Deutsch	Wirtschaft	Sport	Deutsch	Sport

b Vergleicht den Stundenplan oben mit eurem eigenen. Füllt dann den leeren Stundenplan aus.

STUNDENPLAN

Zeit	Montag	Dienstag	Mittwoch	Donnerstag	Freitag
1. Stunde					
2. Stunde					
3. Stunde					
4. Stunde					
5. Stunde					
6. Stunde					

5 Suche die folgenden Wörter im Wörterbuch und trage hier den Artikel ein.

 ________ Tisch

 ________ Stift

 ________ Ordner

 ________ Stuhl

 ________ Buch

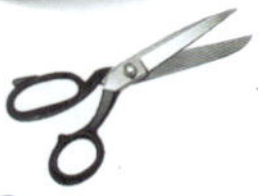 ________ Schere

 ________ Heft

 ________ Tafel

 ________ Radiergummi

6 Ordne die Wörter aus Aufgabe 5 dem richtigen Artikel zu.

der ____

die ____

das ____

/ocheErdkundeDeutschMathematikMusikSportKunsthaben

Schule

1a Frage deine Mitschüler und schreibe ihre Antworten in dein Heft.

Was kannst du gut?

Ich kann gut lesen.

Was machst du gerne?

Ich lese gerne.

Was kannst du nicht gut?

Ich kann nicht gut malen.

Was machst du nicht gerne?

Ich male nicht gerne.

b Ergänze die Lücken.

Ich kann das nicht.	Murat kann das nicht.	Talibe ________ das ________.
Ich brauche Hilfe.	Murat ________________ Hilfe.	Talibe ________________________.
Kannst du mir bitte helfen?	________ du Murat ________?	________ Talibe ________?
Ja, gerne.		

nichtbitteleisenichtgutschreibengutlesenmalensingenrechne

2a **Lies die Texte in den Sprechblasen.**

b **Ergänze die Lücken sinnvoll mit den Nomen.**

Schreibe bitte an die ______________________!

Mach bitte die ______________________ zu!

Schreibe bitte die ______________________ ab!

Nimm bitte deine ______________________ mit!

Tafel | Aufgabe | Tasche | Türe

3 **Ergänze die fehlenden Verbformen.**

	ich	du	er/sie/es	wir	ihr	sie
nehmen	nehme	nimmst		nehmen		nehmen
können	kann			können		können

4a **Bringe die folgenden Sätze in eine sinnvolle Reihenfolge. Nummeriere sie und schreibe sie dann in der richtigen Reihenfolge in dein Heft.**

- [ ] Schlage Seite 17 auf!
- [ ] Nimm das Deutschbuch!
- [ ] Lies laut!
- [ ] Lies bitte die Aufgabe 3!
- [ ] Rechne Aufgabe 5 mit einem Freund!
- [ ] Schlage Seite 23 auf!
- [ ] Schreibe in das Heft!
- [ ] Nimm das Mathebuch!

b **Bilde weitere Sätze und schreibe sie in dein Heft.**

annHandynichtbitteleisenichtgutschreibengutlesensingen

Schule

Kannst du mir bitte helfen?

1 Ergänze die Pronomen.

Bitte, kann sie ____________ Jacke haben?

Kann ich bitte ____________ Flasche haben?

Kann er ____________ Tasche haben?

Bitte, gib mir ____________ Handy!

Gib Amit ____________ Buch.

mein | seine | ihre | sein | meine

Possessivpronomen:
mein, meine
dein, deine
sein, seine
ihr, ihre

2 Eine Antwort ist falsch. Streiche sie durch. Übe den Dialog mit einem Partner / einer Partnerin.

Kann ich das Heft haben?

Ja gerne.
Nein, das ist mein Heft.
Das ist nicht dein Heft.
Ich finde das Heft nicht.
Ich kann gut laufen.

Kannst du gut schwimmen?

Ja, das kann ich!
Nein, das kann ich nicht.
Ich mag nicht schwimmen.
Nein, aber ich kann gut singen.
Ich habe das Buch!

Was machst du heute Mittag?

Ja, mach ich!
Ich gehe in die Schule.
Ich gehe schwimmen.
Ich habe Musik.
Ich weiß nicht.

SchlüsselneinkannnichthallotschüsbitteAufWiedersehe

3 Ergänze die Pronomen.

Ich brauche ______ Buch und ______ Mobiltelefon.

Ich finde ______ Mobiltelefon nicht!

Hast du ______ Mobiltelefon?

Kadir sucht ______ Jacke und ______ Mütze.

Er findet die ______ und die ______ nicht. Kannst du ______ helfen?

4 Schreibe unter die Fotos die passenden Wortbausteine.

Auf Wiedersehen | Da ist mein Füller! | Tschüs | Guten Tag! | Ich gehe | Wo ist mein Füller? | Hallo!

______ ______ ______

______ ______ ______

Quer durch Deutschland

Erkennst du, was das ist?
Wenn du nicht sicher bist, schau auf Seite 75 nach.

Das ist ein ______.

Er ist in ______.

Die Stadt hat ______ Einwohner.

Die Stadt gehört zum Bundesland ______.

erneGutenTagFüllerneinkannnichthalloTschüsbitte

Teste dich!

1 **Schreibe die folgenden Wörter mit dem Artikel auf:**

 Schule
 Musik
 Rucksack
 Klassenzimmer
 Radiergummi
 Schere
 Stundenplan
 Ordner
 Mäppchen

____

____

____

2 **Bringe die Bausteine in die richtige Reihenfolge.**
Schreibe die Sätze auf.

Unterricht. | haben | jetzt | Wir ______________________________

haben | Mathe, Musik und Sport. | Wir ______________________________

ein Heft und ein Buch. | Wir | brauchen ______________________________

nicht. | finde | Ich | mein Heft ______________________________

mein Heft? | Wo | ist ______________________________

3 **Konjugiere das Verb *haben*.**

ich	du	er/sie/es	wir	ihr	sie

4 **Ergänze die Sätze mit den passenden Nomen.**

Das ist deine ______________________.

Das ist meine ______________________.

Das ist dein ______________________.

Das ist mein ______________________.

Wichtige Wörter

bitte

der Füller
die Füller

das Heft
die Hefte

das Klassenzimmer
die Klassenzimmer

der Lehrer
die Lehrer

die Lehrerin
die Lehrerinnen

das Lineal
die Lineale

das Mäppchen
die Mäppchen

der Ordner
die Ordner

die Pause
die Pausen

der Radiergummi
die Radiergummis

die Schere
die Scheren

die Schule
die Schulen

die Schulsachen

der Stift
die Stifte

der Stuhl
die Stühle

der Stundenplan

die Tafel

der Tisch
die Tische

der Unterricht

Biologie

Deutsch

Erdkunde

Geschichte

Informatik

Kunst

Mathe(matik)

Musik

Sport

Wirtschaft

der Mittag

der Tag
die Tage

der Montag

der Dienstag

der Mittwoch

der Donnerstag

der Freitag

der Samstag

der Sonntag

die Woche
die Wochen

das Wochenende
die Wochenenden

die Flasche
die Flaschen

das Handy
die Handys

die Jacke
die Jacken

die Mütze
die Mützen

der Rucksack
die Rucksäcke

der Schlüssel
die Schlüssel

aufschlagen

brauchen

finden

haben

helfen

können

laufen

lesen

mögen

rechnen

schreiben

schwimmen

setzen

singen

verstehen

gut

laut

leise

ein, eine

jeder, jede, jeden

am

in

auch

heute

nicht

Unterwegs

1 **Schreibe die Wörter auf.**

 die Schule

 der ______

 die ______

 die ______

2 **Ergänze die Lücken.**

Ich gehe in die  Turnhalle.

Ich gehe auf den  ______.

Ich ______ zu der  ______.

Du gehst in die  ______.

Du gehst ______  ______.

Du ______  ______.

Er geht ______  ______.

Er geht ______  ______.

Er ______  ______.

Sie geht ______  ______.

Wir gehen ______  ______.

Stock(werke)TurnhalleSchulhofTreppeTürFensterEingan

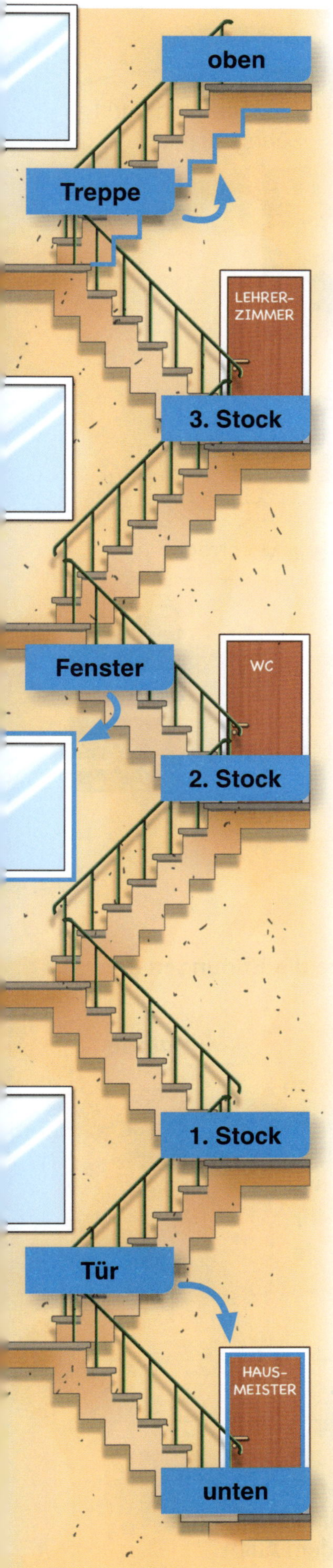

nach links

nach rechts

3 Lies die Sätze und zeichne die Wege in den Stadtplan ein.

- Ich gehe von der Schule in die Turnhalle.
- Er geht von der Bushaltestelle in die Turnhalle.
- Sie geht von der Schule in das Einkaufszentrum.

4 Finde eigene Wege im Stadtplan und beschreibe sie deinem Partner / deiner Partnerin.

5 Beschreibe das Treppenhaus links.

usgangEinkaufszentrumaufunteninrechtsanlinksgeradeaus

Unterwegs

1 Ordne die Wörter in den Bausteinen den Bildern zu und schreibe sie auf.

das Auto | die U-Bahn | das Mofa | die S-Bahn | der Roller | das Fahrrad | der Bus | die Straßenbahn | das Motorrad

 ______________________

 ______________________

 ______________________

 ______________________

 ______________________

 ______________________

 ______________________

 ______________________

 ______________________

2 Ergänze die Sätze und verwende jedes Fahrzeug nur einmal. Markiere die Endungen der Verben farbig und unterstreiche die Präposition mit dem Artikel.

	fahren
ich	fahre
du	fährst
er/sie/es	fährt
wir	fahren
ihr	fahrt
sie	fahren

Ich fahre mit dem Bus.

Ich ______________________.

Du fährst ______________________.

Du ______________________.

Er fährt ______________________.

Er ______________________.

Sie fährt ______________________.

Sie ______________________.

Wir fahren ______________________.

Wir ______________________.

der Bus › › › mit dem Bus
die U-Bahn › › › mit der U-Bahn
das Auto › › › mit dem Auto

BusAutoFahrradRollerU-BahnmitnachArztzumvonz

3 **Verbinde die Sätze mit den Bildern und sprich dazu.**

Wohin fährst du?

Ich fahre …

zum Training.

zum Arzt.

zum Schwimmbad.

zum Stadtpark.

zum Einkaufszentrum.

nach Hause.

Woher kommst du?

Ich komme …

vom ______________________.

vom ______________________.

vom ______________________.

vom ______________________.

vom ______________________.

von zu Hause.

4 **Lies die Sätze und verbinde sie zu einem Satz. Schreibe den Satz auf.**

Mustafa fährt zum Training.
Er fährt mit dem Bus.

Mustafa fährt mit dem Bus zum Training.

Aylem fährt zum Schwimmbad.
Sie fährt mit der U-Bahn.

Aylem ______________________

____

Emre und Abdul fahren zum Einkaufszentrum.
Sie fahren mit der S-Bahn.

____

____

Hassan fährt zum Arzt.
Er fährt mit dem Fahrrad.

____

____

Danach gehen sie zu Fuß nach Hause.

5 **Schreibt zu zweit Dialoge und spielt sie vor. Verwendet die Sprechblasen.**

Gehst du mit?

Wohin fährst du?

Ich fahre zum …

Ja, klar!

Ich fahre mit …

Nein, jetzt nicht.

tadtparkEinkaufszentrumTrainingSchwimmbadS-BahnArzt

Unterwegs

Wann fährt mein Zug?

Wie spät ist es?

1 Wie spät ist es? Schreibe die Uhrzeiten in Buchstaben auf.

 Acht Uhr und fünfzehn Minuten

 ______________________

 ______________________

 ______________________

 ______________________

 ______________________

2 Schreibe die Abfahrtszeiten der Züge (Bild) wie im Beispiel in dein Heft und sprich sie laut.

Der Zug nach Berlin-Spandau fährt um ____________ Uhr ____________.

3 Fülle die Lücken mit Ziffern. Lies die Sätze laut vor.

Du musst um ____ Uhr _____ zum Bus. Dein Bus fährt um ____ Uhr _____.

Du musst um ____ Uhr zum Arzt. Dein Termin ist um ____ Uhr.

Du musst um _____ Uhr zum Training. Dein Training beginnt um _____ Uhr.

eins	zwei	drei	vier	fünf	sechs	sieben	acht	neun	zehn	elf	zwölf
1	2	3	4	5	6	7	8	9	10	11	12

4 Schreibe passende Grußformeln auf die Leerzeilen.

6–10 Uhr am Morgen / morgens ____________________

10–12 Uhr am Vormittag / vormittags ____________________

12–14 Uhr am Mittag / mittags ____________________

14–17 Uhr am Nachmittag / nachmittags ____________________

17–22 Uhr am Abend / abends ____________________

22–6 Uhr in der Nacht / nachts ____________________

Guten Tag!

Guten Morgen!

Gute Nacht!

Guten Abend!

5 Trage die richtige Tageszeit ein und lies laut.

Am ____________________ frühstücke ich.

Am ____________________ gehe ich in die Schule.

Am ____________________ gehe ich auf den Sportplatz.

In der ____________________ schlafe ich.

6 Fülle die Lücken mit einem Baustein.

Mustafa ____________ am Mittag mit dem ____________ zum ____________.

Esra ____________ am Morgen in die ____________.

Aylem muss um 15 Uhr zum ____________.

Ich ____________ in der ____________.

Mein ____________ um 8.15 Uhr.

ist | schlafe | Arzt | Bus | Training | fährt | Termin | geht | Schule | Fahrrad | Nacht

dreizehn	vierzehn	fünfzehn	zwanzig	dreißig	vierzig	fünfzig	sechzig	siebzig	achtzig	neunzig	hundert
13	14	15	20	30	40	50	60	70	80	90	100

Unterwegs

1 **Kreuze an und sprich den ganzen Satz:**

Im Modegeschäft:

Ich brauche etwas zum Anziehen. Ich kaufe

- [ ] eine Hose.
- [ ] ein T-Shirt.
- [ ] einen Pullover.
- [ ] eine Jacke.
- [ ] Schuhe.
- [ ] eine Mütze.

Im Schreibwarenladen:

Ich brauche etwas zum Schreiben. Ich kaufe

- [ ] einen Stift.
- [ ] einen Füller.
- [ ] ein Heft.
- [ ] Farben.

Im Supermarkt:

Ich brauche etwas zum Essen. Ich kaufe

- [ ] ein Brot.
- [ ] eine Brezel.
- [ ] einen Schokoriegel.
- [ ] Äpfel.

In der Buchhandlung:

Ich brauche etwas zum Lesen. Ich kaufe

- [ ] ein Buch.
- [ ] eine Zeitschrift.
- [ ] eine Zeitung.
- [ ] Comics.

2 **Mustafa braucht etwas zum Anziehen. Was kauft er ein? Schreibe in dein Heft.**
Aylem braucht etwas zum Schreiben. Was kauft sie ein? Schreibe in dein Heft.

3a **Sprecht folgenden Dialog:**

Verkäuferin:
Guten Tag! Kann ich helfen?
Was möchten Sie denn?
Welche Größe?
So, hier. Probieren Sie bitte.
25 Euro.
Danke. Auf Wiedersehen!

Mustafa:
Hallo! Ja, ich brauche etwas zum Anziehen.
Ich möchte eine Hose kaufen.
Größe 36.
Danke. Ja, sie passt. Was kostet die Hose?
Die Hose nehme ich. Hier bitte.
Auf Wiedersehen!

SupermarktBuchhandlungModegeschäftBuchKioskbitt

b **Erfindet zu zweit ein neues Gespräch und schreibt es in euer Heft.**

c **Spielt die beiden Szenen nach.**

4 **Ergänze die fehlenden Formen und schreibe sie auf. Markiere die Endungen farbig.**

	ich	du	er/sie/es	wir	ihr	sie
brauchen	brauche	brauchst				
kaufen		kaufst			kauft	
schreiben						schreiben

5a **Ersetze die unterstrichenen Wörter sinnvoll. Nutze die Textbausteine.**

<u>Am Nachmittag</u> fährt Aylem mit dem Bus zum Einkaufen.
Sie braucht etwas <u>zum Anziehen</u>.
Sie geht <u>in ein Modegeschäft</u>.
Aylem kauft <u>ein T-Shirt</u> und <u>eine Jacke</u>.

- in eine Buchhandlung
- ein Heft
- Am Morgen
- Nachmittags
- eine Zeitschrift
- zum Lesen
- zum Schreiben
- in einen Schreibwarenladen

b **Du gehst einkaufen. Schreibe einen eigenen Text in dein Heft. Ersetze die unterstrichenen Wörter in Aufgabe 5a und benutze die richtige Form.**

Quer durch Deutschland

Erkennst du die Stadt?
Wenn du nicht sicher bist, schau auf Seite 75 nach.

Das ist ______________________.

Die Stadt hat ______________ Einwohner.

Die Stadt gehört zum Bundesland

______________________.

SchreibwarenladenkaufenkostenbitteHoseT-Shirtbrauchen

Unterwegs

1 **Ordne folgende Nomen nach dem Abc:**

Klasse, Computer, Tiere, Tag, Deutschland, Sport, Lehrerin, Brot, Buch, Rucksack, Arzt, Freitag

Arzt ______ ______ ______

______ ______ ______ ______

______ ______ ______ ______

2 **Übertrage die Tabelle in dein Heft und schreibe die Wörter aus Aufgabe 1 in Spalte 1 der Tabelle. Finde die Wörter im Wörterbuch, notiere die Seitenzahl und ergänze den Artikel. Schreibe das im Wörterbuch nachfolgende Wort auf.**

Wort im Wörterbuch	Seite	Nachfolgendes Wort
der Computer		

3 **Schreibt eure Vornamen an die Tafel. Markiert die Anfangsbuchstaben. Ordnet die Namen in alphabetischer Reihenfolge und übertragt sie in euer Heft.**

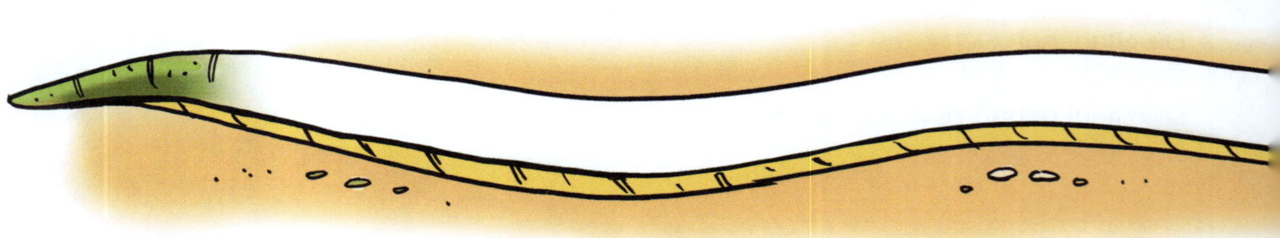

A Ä a ä B b C c D d E e F f G g H h I i J j K k L l M m N

4 **Suche Eigenschaftswörter (Adjektive) im Wörterbuch und schreibe sie in alphabetischer Reihenfolge in die Schlange.**

5a **Finde aus dem Wörterbuch zu jedem Buchstaben deines Vornamens ein passendes Adjektiv, das dich beschreibt.**

Beliebt

Ehrgeizig

Neugierig

b **Ordne die Nomen alphabetisch.**

Birne, Banane, Schokolade, Heft, Hose, Brot, Haare, Stift, Sport

B: ______ ______ ______

H: ______ ______ ______

S: ______ ______ ______

6 **Fertigt Wortkarten an. Legt sie verdeckt auf den Tisch. Eine Karte wird aufgedeckt. Wer das Wort zuerst im Wörterbuch gefunden hat, sagt die Seitenzahl und darf die nächste Karte aufdecken.**

Buch | Sport | Klasse | Freitag

Ö o ö P p Q q R r S s T t U Ü u ü V v W w X x Y y Z z

Teste dich!

1 **Schreibe die folgenden Wörter mit dem Artikel auf:**

Turnhalle

Schwimmbad

Training

Auto

Einkaufszentrum

Uhr

Fahrrad

Zug

Computer

die Turnhalle ______________________________

____

____

2 **Konjugiere die Verben *fahren* und *gehen*.**

	ich	du	er/sie/es	wir	ihr	sie
fahren						
gehen						

3 **Wohin fährst du? Woher kommst du? Bilde vier Sätze.**

Ich fahre ______________________. Ich komme ______________________.

Ich fahre ______________________. Ich komme ______________________.

4 **Bringe die Bausteine in die richtige Reihenfolge. Schreibe die Sätze richtig auf.**

um 14 Uhr | zum Arzt. | muss | Mustafa ______________________

fährt | Er | mit dem Bus. ______________________

geht | nach Hause. | zu Fuß | Er ______________________

zum Training. | Um 18 Uhr | er | geht ______________________

Wichtige Wörter

der Arzt
die Ärzte

die Ärztin
die Ärztinnen

das Fenster
die Fenster

die Klasse
die Klassen

das Stockwerk
die Stockwerke

die Treppe
die Treppen

die Tür
die Türen

die Buchhandlung
die Buchhandlungen

das Einkaufszentrum
die Einkaufszentren

das Modegeschäft
die Modegeschäfte

die Bluse
die Blusen

die Hose
die Hosen

die Jacke
die Jacken

der Pullover
die Pullover

der Schuh
die Schuhe

das T-Shirt
die T-Shirts

das Auto
die Autos

der Bus
die Busse

die Bushaltestelle
die Bushaltestellen

das Fahrrad
die Fahrräder

die U-Bahn
die U-Bahnen

der Morgen
morgens

Guten Morgen!

der Vormittag
vormittags

Guten Tag!

der Mittag
mittags

der Nachmittag
nachmittags

der Abend
die Abende

abends
Guten Abend!

die Nacht
die Nächte

nachts
Gute Nacht!

die Uhr
die Uhren

die Uhrzeit

der Fußballplatz
die Fußballplätze

der Schulhof
die Schulhöfe

das Schwimmbad
die Schwimmbäder

der Sport

der Stadtpark
die Stadtparks

das Training

die Turnhalle
die Turnhallen

anziehen
essen
fahren
frühstücken
gehen
kaufen
lesen
müssen
schlafen

geradeaus
links
rechts
oben
unten

mit
nach Hause
vom (von dem)
wohin
zu
zum (zu dem)
zur (zu der)

Gemeinsam

Das ist meine Familie

1 Fülle die Lücken.

Mustafa ist der ____________________ von Hassan.

Aylem ist die ________________________ von Mustafa.

Aylem ist auch __________________________________ von Hassan.

____

____

____

____

____

Ben ist der ________________________ von ______________________________.

2 Stelle deine Familie vor. Zeichne einen Stammbaum in dein Heft und schreibe einen Text wie in Aufgabe 1.

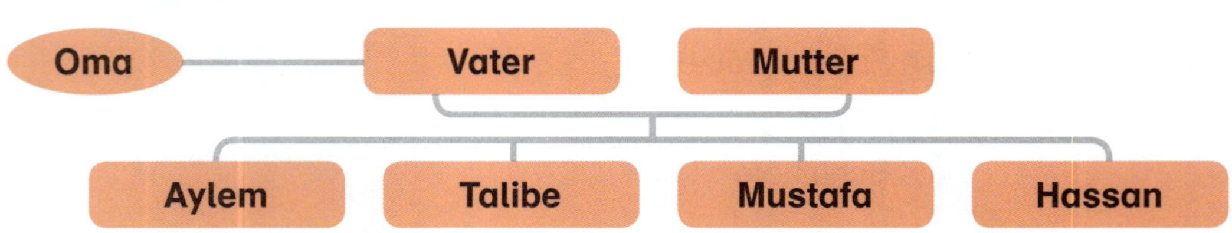

MutterVaterBruderSchwesterOmaFamilieundgemeinsa

Lösungen (Seiten 4–7)

Hallo!

1 Schreibe die Namen auf und streiche die falschen Buchstaben.

Mein Name ist … Paul — P ~~i~~ a u ~~x~~ l

Lisa — L ~~m~~ i s ~~i~~ a

Zena — ~~e~~ Z ~~i~~ e n a ~~i~~

Ahmet — A ~~x~~ h m ~~i~~ e t

2 Das ist …

Das ist Zena. — Das ist Ahmet.

Das ist Paul. — Das ist Lisa.

3 Trage deinen Namen ein.

Mein Name ist ______.

4a Trage in das Band unten die Wortgrenzen ein, z. B.:

Hallo|Guten|Tag

b Lies die Wörter laut.

Hallo|Guten|Tag|Hallo|Das|ist|Hallo|ich|bin|ist|ich|bin|ist|Hallo Tag|das|Paul|Name|ist|Hallo|Guten|Tag|Das|ist|Hallo|ich|bin|ist

5a Sprich nach.

Guten Tag! — Mein Name ist … — Hallo, ich heiße … — Hallo, ich bin …

b Begrüßt euch und stellt euch gegenseitig vor.

6 Wie können sich Tina, Hedda, Abdul und Hassan auch begrüßen? Sprich laut und schreibe auf.

Hallo, ich bin Hedda.

Guten Tag! Mein Name ist Abdul.

Hallo, ich bin/heiße Hassan.

Guten Tag! Ich bin/heiße Tina.

Hallo!

1 Ordne die folgenden Sätze den Sprechblasen oben zu. Unterstreiche sie in derselben Farbe. Spielt die Szenen nach.

Ich bin Frau Korn. — Ich bin Kim. — Mein Name ist Nadim. — Tschüs! Ich gehe! — Ich heiße Lana. — Guten Tag. — Wie heißt du?

2 Markiere die richtigen Buchstaben farbig und schreibe das Wort ab. Lies den Lösungssatz.

x M e o i n — Mein

N t a l m e — Name

S x h o i m s t — ist

K i b l p m — Kim

Hallo|ich|heiße|Kim|ich|bin|16|Jahre|alt|mein|Name|ist|Lana mein|Hallo|ich|Name|heiße|ist|bin|ich|heiße|du|ich|Hallo|Kim|ich

3a Lies laut, was der Jugendliche sagt.

b Ergänze die Lücken und sprich dazu. Verwende die Namen …

… Paul — … Selina — … Ali — … Selda

Ich heiße Selina.

Ich bin 16 Jahre alt.

Du heißt Selda.

Du bist 15 Jahre alt.

4a Unterstreiche die folgenden Wörter und das entsprechende Wort im Wortband unten mit derselben Farbe.

Hallo — ich — heiße — mein — Name — ist — ich — bin — du

b Schreibe die Wörter aus Aufgabe a ab.

Hallo ich heiße mein Name ist

ich bin du

c Wie viele Buchstaben hat das Wort? Zähle laut. Schreibe die Zahl in das Kästchen und sprich die Zahl laut.

Tschüs 6 — ich 3 — heiße 5 — mein 4

Name 4 — ist 3 — bin 3 — du 2

0 null
1 eins
2 zwei
3 drei
4 vier
5 fünf
6 sechs
7 sieben
8 acht
9 neun
10 zehn
11 elf
12 zwölf
13 dreizehn
14 vierzehn
15 fünfzehn
16 sechzehn
17 siebzehn
18 achtzehn
19 neunzehn
20 zwanzig

Lösungen (Seiten 8–11)

Hallo!

Freunde kennen lernen – Fragewörter, Präpositionen *in, aus,* Konjugation der Verben *heißen* und *kommen*

1a Auf Seite 7 hast du das Fragewort „Wie?" kennen gelernt. Welches Wort ist im Dialog neu? Schreibe es auf. wer

b Markiere im Fragezeichen rechts die Wortgrenzen. Lies die Wörter laut vor. Schreibe die fünf Fragewörter auf.

wer, wo, wie, was, woher

werwowiewaswowiewiewaswowiewiewaswowoherwo wie

2*

Hier wirst du gefragt:	Hier kannst du antworten:
Wie heißt du?	Ich heiße ______.
Wo wohnst du?	Ich wohne in ______.
Woher kommst du?	Ich komme aus ______.
Wer ist dein Freund/deine Freundin?	______ ist mein Freund/meine Freundin.
Was magst du?	Ich mag ______.

Markiere die Fragewörter farbig.

3a Trage deine Adresse ein.

Name:
Straße:
PLZ Ort
Telefon:

b Schreibt eure Adresse auf Kärtchen und tauscht sie in der Klasse aus.

4 Ergänze die Sätze. Konjugiere die Verben *heißen* und *kommen*.

Wie heißt er?	Er heißt Mustafa
Wie alt ist er?	Er ist vierzehn Jahre alt.
Was mag er?	Er mag Fußball
Wo wohnt er?	Er wohnt in Karlsruhe
Woher kommt er?	Er kommt aus Syrien
Wie heißt sie?	Sie heißt Esma
Was mag sie?	Sie mag Schokolade
Wo wohnt sie?	Sie wohnt in Mannheim
Woher kommt sie?	Sie kommt aus Polen
Wie alt ist sie?	Sie ist sechzehn Jahre alt.

ich heiße
du heißt
er/sie/es heißt
wir heißen
ihr heißt
sie heißen

ich komme
du kommst
er/sie/es kommt
wir kommen
ihr kommt
sie kommen

5a Verbinde die Satzbausteine. Markiere die Frage und die passende Antwort in derselben Farbe.

Wie	kommst du?
Ich komme	heißt du?
Wo	magst du?
Woher	Abdul.
Ich heiße	Freunde.
Was	in Karlsruhe.
Ich wohne	wohnst du?
Ich mag	aus Syrien.

b Schreibe den Dialog in dein Heft. Lest mit verteilten Rollen.

wo|wer|wie|die|Freunde|die|Freundinnen|der|Freund|Adresse der|kommst|woher|wo|Freunde|wo|wer|wie|alt|Freund|die|Freunde

* Individuelle Lösung

Hallo!

Vorlieben benennen – Verneinung, Nomen Pluralformen

1* Was magst du? – Entscheide dich und kreuze an:

Magst du das Eis? ☐ Ja, das Eis mag ich. ☐ Nein, das Eis mag ich nicht.
Magst du das Obst? ☐ Ja, das Obst mag ich. ☐ Nein, das Obst mag ich nicht.
Magst du das Buch? ☐ Ja, das Buch mag ich. ☐ Nein, das Buch mag ich nicht.
Magst du die Schokolade? ☐ Ja, die Schokolade mag ich. ☐ Nein, die Schokolade mag ich nicht.

Weitere mögliche Antworten:
Ja, gerne!
Nein danke!

Schreibe zwei weitere Beispiele.

Magst du das Brötchen? Ja, das Brötchen mag ich. Nein, das Brötchen mag ich nicht.

Magst du die Pizza? Ja, die Pizza mag ich. Nein, die Pizza mag ich nicht.

2 Kennst du die Zahlen noch? Wie viele Dinge siehst du? Schreibe die Zahlen aus.

zwei, vier, sechs, acht, eins, drei, fünf, neun

3 Lies die Wörter laut und schreibe die passenden Pluralformen mit Artikel dazu. Markiere die Endung farbig.

Singular	Plural
der Stern	die Sterne
die Kerze	die Kerzen
das Herz	die Herzen
der Baum	die Bäume
die Wolke	die Wolken
das Blatt	die Blätter

Wolken, Herzen, Bäume, Blätter, Kerzen

4 Übertrage die Singularformen in die Tabelle.

der	die	das
Stern	Kerze	Herz
Baum	Wolke	Blatt

5a Wie oft findest du die angegebenen Wörter im Band unten? Markiere sie im Band und trage die Zahl in das entsprechende Kästchen ein.

Ich 3 mag 3 die 2 Pizza 1 nicht 4

b Lies den Lösungssatz laut.

ich|mag|du|magst|nicht|das|Eis|mag|nicht|das|Obst|das|Brötchen ich|das|was|ich|das|Buch|nicht|die|Pizza|mag|nicht|der|Baum|die

* Individuelle Lösung

Lösungen (Seiten 12–15)

Hallo!

1 Richtig oder falsch? – Kreuze an.

- [x] Das ist mein Freund Simon.
- [ ] Das ist meine Freundin Lisa.
- [x] Lena mag das Eis.
- [ ] Lena mag das Eis nicht.

- [x] Das sind meine Freunde.
- [ ] Das sind meine Äpfel.
- [ ] Zeynab ist 65 Jahre alt.
- [x] Zeynab ist 15 Jahre alt.

2 Setze die richtige Verbform ein.

Ich bin Frau Korn. — Wie ist dein Name?
Das ist Kim. — Ich bin Sanela.
Das sind Faris und Amela. — Das ist Amela.
Wer bist du? — Amela ist meine Freundin.

sein
ich bin
du bist
er/sie/es ist
wir sind
ihr seid
sie sind

3 Formuliere mit Hilfe der Informationen vollständige Sätze. Stelle die Jugendlichen der Klasse mündlich vor.

• Hassan	• Emre und Zeynab	•
• Irak	• 12 und 14	•
• 15	• Afghanistan	•
• Passau	• Freiburg	•

4 Finde die Zahlwörter im Gitterrätsel und ergänze die Lückenwörter.

w	t	h	l	(z	w	e	i)
(v	i	e	r	z	e	h	n)
c	h	b	(e	l	f)	r	w
v	u	(e	i	n	s)	g	l
(z	w	ö	l	f)	t	y	k
a	r	k	(z	e	h	n)	m
q	(f	ü	n	f)	k	i	b
(s	i	e	b	e	n)	l	c

ei n s
zw ei
f ü nf
s ie ben
z e hn
e l f
z w ölf
v ie rzehn

5 Weißt du es noch? Was sagt man zur Begrüßung, was zur Verabschiedung? Markiere Begrüßungen grün und Verabschiedungen rot.

Ich gehe! (rot)
Tschüs! (rot)
Hallo! (grün)
Bis bald! (rot)
Auf Wiedersehen! (rot)
Guten Tag! (grün)

Quer durch Deutschland

Erkennst du das Bauwerk?
Wenn du nicht sicher bist, schau auf Seite 75 nach.

Das ist das Brandenburger Tor.
Es steht in Berlin.
Die Stadt hat 3,5 Millionen Einwohner.
Die Stadt gehört zum Bundesland Berlin.

Auf|Wiedersehen|sie|sind|Freunde|kennen|ja|ich|bin|du|bist er|sie|ist|sie|sind|Freunde|ich|bin|du|bist|Tschüs|ich|gehe|Frau

Hallo!

Teste dich!

1 Schreibe die folgenden Wörter mit dem Artikel auf:

das Eis, der Stern, die Schokolade, der Apfel, der Baum, das Herz, das Buch, die Pizza, das Obst

2 Lies den Text laut und schreibe vier passende Fragen dazu.

Hallo!
Mein Name ist Talibe. — Wie ist dein Name? / Wie heißt du?
Ich bin vierzehn Jahre alt. — Wie alt bist du?
Ich komme aus Syrien. — Woher kommst du?
Ich mag Schokolade. — Was magst du?

3 Konjugiere das Verb *sein*.

ich	du	er/sie/es	wir	ihr	sie
bin	bist	ist	sind	seid	sind

4 Ergänze den Lückentext.

Hallo, das ist Ahmet. — Zeyna ist 14 Jahre alt.
Er ist 15 Jahre alt. — Sie ist meine Freundin.
Er kommt aus Syrien. — Ahmet und Zeyna sind meine Freunde.
Abdul und Ahmet sind Freunde. — Sie kommen aus Syrien.

Wichtige Wörter

Guten Tag!
Hallo!
Auf Wiedersehen!
Tschüs!

der Freund
die Freunde
die Freundin
die Freundinnen
der Name
die Namen

das Buch
die Bücher
das Herz
die Herzen

das Brötchen
die Brötchen
das Eis
das Obst
die Pizza
die Schokolade

der Baum
die Bäume
der Stern
die Sterne
die Wolke
die Wolken

das Jahr
die Jahre
der Sport
die Zahl
die Zahlen

gehen
heißen
kommen
lieben
mögen
sein
ich bin, du bist, er/sie/es ist
wohnen

alt

ich
du

mein, meine
dein, deine

ja
nein
danke

was?
wer?
wie?
wo?
woher?

Lösungen (Seiten 16–19)

Schule

1 **Verbinde jedes Wort mit dem richtigen Bild oben.**

der Stundenplan · die Schule · der Rucksack · die Schulsachen · das Klassenzimmer

2a **Ergänze die Sätze.**

Das gehört mir.

mein	meine
Klassenzimmer Stundenplan Rucksack	Stifte Hefte Bücher

Das ist meine Schule.
Das ist mein Klassenzimmer.
Das ist mein Stundenplan.
Das ist mein Rucksack.

Das sind meine Schulsachen.
Das sind meine Stifte.
Das sind meine Hefte.
Das sind meine Bücher.

b **Ergänze die Sätze.**

Das gehört dir.

dein	deine
Klassenzimmer Stundenplan Rucksack	Stifte Hefte Bücher

Das ist deine Schule.
Das ist dein Klassenzimmer.
Das ist dein Stundenplan.
Das ist dein Rucksack.

Das sind deine Schulsachen.
Das sind deine Stifte.
Das sind deine Hefte.
Das sind deine Bücher.

ein|meine|Schule|dein|Rucksack|Schulsachen|Klassenzimmer

Schule kennen lernen – Possessivpronomen *mein/meine, dein/deine*, Konjugation der Verben *gehen, finden, kommen, haben*

3a **Lies den Text laut.**

Ich gehe in die Bachschloss-Schule.
Ich gehe in die 8. Klasse.
Ich gehe jeden Tag in den Unterricht.
Ich mag meine Klasse.

b* **Ergänze nach dem Muster in Aufgabe 3a, was auf dich zutrifft.**

Ich gehe ______.
Ich gehe ______.
Ich gehe ______.
Ich ______.

c **Frage deinen Partner/deine Partnerin.**

Und du? Gehst du in die Schule?

Gehst du in ______ die 8. Klasse?
Gehst du ______ jeden Tag in den Unterricht?
Magst du deine Klasse ______?

4a **Ergänze die fehlenden Verbformen.**

	ich	du	er/sie/es	wir	ihr	sie
gehen	gehe	gehst	geht	gehen	geht	gehen
finden	finde	findest	findet	finden	findet	finden
kommen	komme	kommst	kommt	kommen	kommt	kommen
haben	habe	hast	hat	haben	habt	haben

b **Bilde mit den Verbformen in Aufgabe 4a und den Wörtern in den Bausteinen Sätze.**

Bücher · Hefte · deine · in die Schule · in das Klassenzimmer · meine · nicht

Ich gehe in die Schule.
Ich habe meine Hefte.
Wir kommen in das Klassenzimmer.
Du findest deine Bücher nicht.

meine|Klasse|Tag|gehen|gehst|haben|kommen|du|gehst|ich|haben

* Individuelle Lösung

Schule

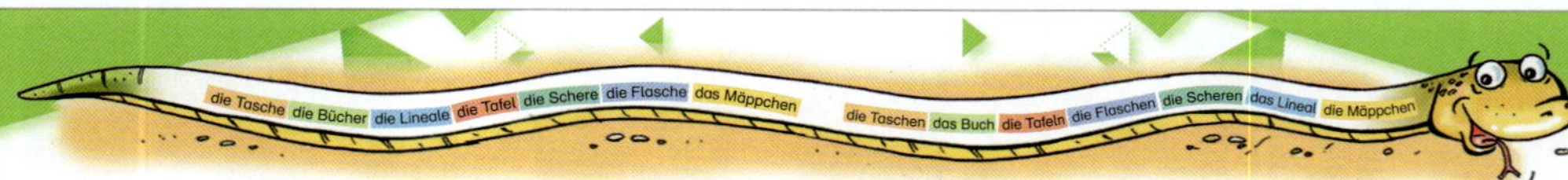

1 **Was ist das? – Schreibe den abgebildeten Gegenstand auf.**

Das ist ein Stift.
Das ist ein Tisch.
Das ist eine Jacke.
Das ist eine Schere.
Das ist eine Mütze.

2 **Markiere in der Wörterschlange jedes Wort im Singular und im Plural in derselben Farbe.**

3 **Trage die Wörter aus der Wörterschlange nach Singular und Plural geordnet ein.**

Singular	Plural
der Stift	die Stifte
die Schere	die Scheren
das Mäppchen	die Mäppchen
die Flasche	die Flaschen
das Buch	die Bücher

4a **Lies und ergänze nach dem Muster in der Sprechblase. Verwende Wortmaterial aus der Wörterschlange.**

Wo ist meine Flasche?
Ich finde meine Flasche nicht!
Wo ist mein Buch?
Ich finde mein Buch nicht!
Wo ist mein Lineal?
Ich finde mein Lineal nicht!
Wo ist mein Mäppchen?
Ich finde mein Mäppchen nicht!

ein|dein|meine|deine|der|die|das|wo|was|Handy|Jacke|Tisch|Mütze

Gegenstände benennen – Singular-/Pluralformen, W-Fragen, Possessivpronomen, Verneinungen

b **Frage nach den abgebildeten Gegenständen. Antworte mit einer Verneinung. Schreibe auf und sprich.**

Wo ist meine Schere?
Ich finde meine Schere nicht!
Wo ist meine Tasche?
Ich finde meine Tasche nicht!
Wo ist mein Handy?
Ich finde mein Handy nicht!
Wo ist mein Buch?
Ich finde mein Buch nicht!

5 **Lies die Fragen und die Antworten. Bilde mit den abgebildeten Gegenständen Fragen und Antworten wie im Beispiel. Schreibe weitere Sätze in dein Heft.**

Beispiel: Ist das dein Rucksack? Ja, das ist mein Rucksack!
Ist das deine Jacke? Nein, das ist nicht meine Jacke!

6 **Packe deinen Rucksack für die Schule. Was gehört hinein? Spielt gemeinsam nach den Regeln „Ich packe meinen Koffer".**

Ich brauche mein Buch.
Ich brauche meine Hefte.
Ich brauche meine Stifte.
Ich brauche mein Lineal.
Ich brauche meine Flasche.

7 **Ergänze den Text. Vergleiche mit deinem Partner/deiner Partnerin.**

Hassan = er
Handy = es

Hassan sucht sein Handy.
Er findet es nicht.
Selda hat es nicht.
Aylem hat es auch nicht. Wo ist das Handy?

ein|dein|meine|deine|der|die|das|wo|was|Schere|Flasche|Rucksack

Lösungen (Seiten 20-23)

Schule

Wochentage, Unterrichtsfächer, Schulmaterialien – Präpositionen *am, in*

1 Kennst du die Wochentage? Verbinde die richtigen Bausteine. Schreibe die Wochentage in dein Heft.

Frei- — -tag; Diens- — -tag; Sams- — -tag; Donners- — -tag; Mon- — -tag; Mitt- — -woch; Sonn- — -tag

2 Ergänze den Lückentext.

Die Woche hat sieben Tage.

Am Montag, Dienstag, Mittwoch, Donnerstag und Freitag gehen wir in die Schule.

Am Samstag und Sonntag haben wir frei.

Samstag und Sonntag sind das Wochenende.

3 Ergänze die Lücken.

½ + ¾ = ?: Wir haben jetzt Mathe(matik).

(Noten): Wir haben jetzt Musik.

(Pinsel): Wir haben jetzt Deutsch.

(Stift): Wir haben jetzt Kunst.

(Ball): Wir haben jetzt Sport.

Deutsch | ½ + ¾ = ? Mathe(matik) | Sport | Musik | Kunst

4a Lest euch den Stundenplan vor. Wechselt euch ab. Sprecht in vollständigen Sätzen.

Beispiel: Am Montag haben wir Kunst, Mathe, Erdkunde und Deutsch.

STUNDENPLAN

Zeit	Montag	Dienstag	Mittwoch	Donnerstag	Freitag
1. Stunde	Kunst	Deutsch	Musik	Sport	Deutsch
2. Stunde	Kunst	Deutsch	Erdkunde	Sport	Deutsch
3. Stunde	Mathe	Informatik	Deutsch	Deutsch	Mathe
4. Stunde	Erdkunde	Sport	Mathe	Geschichte	Wirtschaft
5. Stunde	Deutsch	Biologie	Deutsch	Informatik	Biologie
6. Stunde	Deutsch	Wirtschaft	Sport	Deutsch	Sport

b Vergleicht den Stundenplan oben mit eurem eigenen. Füllt dann den leeren Stundenplan aus.

STUNDENPLAN

Zeit	Montag	Dienstag	Mittwoch	Donnerstag	Freitag
1. Stunde					
2. Stunde					
3. Stunde					
4. Stunde					
5. Stunde					
6. Stunde					

5 Suche die folgenden Wörter im Wörterbuch und trage hier den Artikel ein.

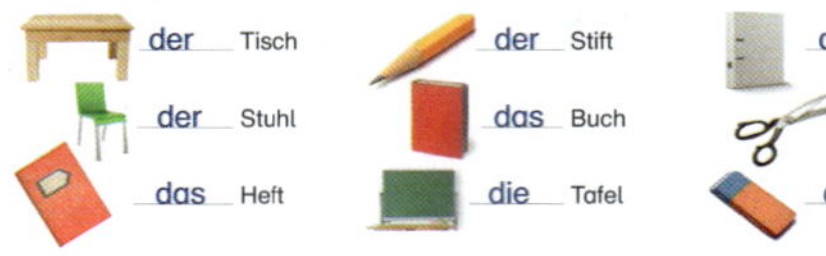

der Tisch | der Stift | der Ordner
der Stuhl | das Buch | die Schere
das Heft | die Tafel | der Radiergummi

6 Ordne die Wörter aus Aufgabe 5 dem richtigen Artikel zu.

der Tisch, Stuhl, Stift, Ordner, Radiergummi

die Tafel, Schere

das Heft, Buch

Montag|Dienstag|Mittwoch|Donnerstag|Freitag|Samstag|Sonntag

Woche|Erdkunde|Deutsch|Mathematik|Musik|Sport|Kunst|haben

Schule

Tätigkeiten benennen – Aussage-, Aufforderungssätze, verneinte Aussagen, Höflichkeitsformeln

1a Frage deine Mitschüler und schreibe ihre Antworten in dein Heft.

Was kannst du gut?
Ich kann gut lesen.
Was machst du gerne?
Ich lese gerne.

Was kannst du nicht gut?
Ich kann nicht gut malen.
Was machst du nicht gerne?
Ich male nicht gerne.

b Ergänze die Lücken.

Ich kann das nicht.	Murat kann das nicht.	Talibe kann das nicht.
Ich brauche Hilfe.	Murat braucht Hilfe.	Talibe braucht Hilfe.
Kannst du mir bitte helfen?	Kannst du Murat helfen?	Kannst du Talibe helfen?
Ja, gerne.		

2a Lies die Texte in den Sprechblasen.

b Ergänze die Lücken sinnvoll mit den Nomen.

Schreibe bitte an die Tafel!

Mach bitte die Türe zu!

Schreibe bitte die Aufgabe ab!

Nimm bitte deine Tasche mit!

Tafel | Aufgabe | Tasche | Türe

3 Ergänze die fehlenden Verbformen.

	ich	du	er/sie/es	wir	ihr	sie
nehmen	nehme	nimmst	nimmt	nehmen	nehmt	nehmen
können	kann	kannst	kann	können	könnt	können

4a Bringe die folgenden Sätze in eine sinnvolle Reihenfolge. Nummeriere sie und schreibe sie dann in der richtigen Reihenfolge in dein Heft.

2	Schlage Seite 17 auf!	3	Rechne Aufgabe 5 mit einem Freund!
1	Nimm das Deutschbuch!	2	Schlage Seite 23 auf!
4	Lies laut!	4	Schreibe in das Heft!
3	Lies bitte die Aufgabe 3!	1	Nimm das Mathebuch!

b Bilde weitere Sätze und schreibe sie in dein Heft.

nicht|bitte|leise|nicht|gut|schreiben|gut|lesen|malen|singen|rechnen

kann|Handy|nicht|bitte|leise|nicht|gut|schreiben|gut|lesen|singen

Lösungen (Seiten 24–27)

Schule

1 Ergänze die Pronomen.

Bitte, kann sie ihre Jacke haben?	mein
Kann ich bitte meine Flasche haben?	seine
Kann er seine Tasche haben?	ihre
Bitte, gib mir mein Handy!	sein
Gib Amit sein Buch.	meine

Possessivpronomen:
mein, meine
dein, deine
sein, seine
ihr, ihre

2 Eine Antwort ist falsch. Streiche sie durch. Übe den Dialog mit einem Partner / einer Partnerin.

Kann ich das Heft haben?

Ja gerne. / Nein, das ist mein Heft. / Das ist nicht dein Heft. / Ich finde das Heft nicht. / ~~Ich kann gut laufen.~~

Kannst du gut schwimmen?

Ja, das kann ich! / Nein, das kann ich nicht. / Ich mag nicht schwimmen. / Nein, aber ich kann gut singen. / ~~Ich habe das Buch!~~

Was machst du heute Mittag?

~~Ja, mach ich!~~ / Ich gehe in die Schule. / Ich gehe schwimmen. / Ich habe Musik. / Ich weiß nicht.

Fragen formulieren, bejahen, verneinen – Possessivpronomen

3 Ergänze die Pronomen.

Ich brauche mein Buch und mein Mobiltelefon. Ich finde mein Mobiltelefon nicht! Hast du mein Mobiltelefon?

Kadir sucht seine Jacke und seine Mütze. Er findet die Jacke und die Mütze nicht. Kannst du ihm helfen?

4 Schreibe unter die Fotos die passenden Wortbausteine.

Auf Wiedersehen / Da ist mein Füller! / Tschüs / Guten Tag! / Ich gehe / Wo ist mein Füller? / Hallo!

Hallo!	Tschüs. Ich gehe.	Wo ist mein Füller?
Guten Tag!	Auf Wiedersehen	Da ist mein Füller!

Quer durch Deutschland

Erkennst du, was das ist?
Wenn du nicht sicher bist, schau auf Seite 75 nach.

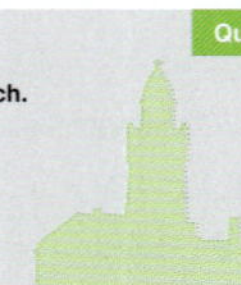

Das ist ein Hafen.
Er ist in Hamburg.
Die Stadt hat 1,8 Millionen Einwohner.
Die Stadt gehört zum Bundesland Hamburg.

Schlüssel|nein|kann|nicht|hallo|tschüs|bitte|Auf|Wiedersehen gerne|Guten|Tag|Füller|nein|kann|nicht|hallo|Tschüs|bitte

Schule

Teste dich!

1 Schreibe die folgenden Wörter mit dem Artikel auf:

 Schule
 Musik
 Rucksack
 Klassenzimmer
 Radiergummi
 Schere
 Stundenplan
 Ordner
 Mäppchen

die Schule	die Musik	der Rucksack
das Klassenzimmer	der Radiergummi	die Schere
der Stundenplan	der Ordner	das Mäppchen

2 Bringe die Bausteine in die richtige Reihenfolge. Schreibe die Sätze auf.

Unterricht. | haben | jetzt | Wir — Wir haben jetzt Unterricht.
haben | Mathe, Musik und Sport. | Wir — Wir haben Mathe, Musik und Sport.
ein Heft und ein Buch. | Wir | brauchen — Wir brauchen ein Heft und ein Buch.
nicht. | finde | Ich | mein Heft — Ich finde mein Heft nicht.
mein Heft? | Wo | ist — Wo ist mein Heft?

3 Konjugiere das Verb *haben*.

ich	du	er/sie/es	wir	ihr	sie
habe	hast	hat	haben	habt	haben

4 Ergänze die Sätze mit den passenden Nomen.

Das ist deine Flasche. Das ist meine Mütze.
Das ist dein Füller. Das ist mein Stift.

Wichtige Wörter

bitte
der Füller, die Füller
das Heft, die Hefte
das Klassenzimmer, die Klassenzimmer
der Lehrer, die Lehrer
die Lehrerin, die Lehrerinnen
das Lineal, die Lineale
das Mäppchen, die Mäppchen
der Ordner, die Ordner
die Pause, die Pausen
der Radiergummi, die Radiergummis
die Schere, die Scheren
die Schule, die Schulen
die Schulsachen
der Stift, die Stifte
der Stuhl, die Stühle
der Stundenplan
die Tafel
der Tisch, die Tische
der Unterricht
Biologie

Deutsch
Erdkunde
Geschichte
Informatik
Kunst
Mathe(matik)
Musik
Sport
Wirtschaft

der Mittag
der Tag, die Tage
der Montag
der Dienstag
der Mittwoch
der Donnerstag
der Freitag
der Samstag
der Sonntag
die Woche, die Wochen
das Wochenende, die Wochenenden

die Flasche, die Flaschen
das Handy, die Handys
die Jacke, die Jacken
die Mütze, die Mützen
der Rucksack, die Rucksäcke

der Schlüssel, die Schlüssel

aufschlagen
brauchen
finden
haben
helfen
können
laufen
lesen
mögen
rechnen
schreiben
schwimmen
setzen
singen
verstehen

gut
laut
leise

ein, eine
jeder, jede, jeden

am
in

auch
heute

nicht

Lösungen (Seiten 28–31)

Unterwegs

1 Schreibe die Wörter auf.

die Schule — die Turnhalle
der Schulhof — die Bushaltestelle

2 Ergänze die Lücken.

Ich gehe in die Turnhalle.
Ich gehe auf den Schulhof.
Ich gehe zu der Bushaltestelle.
Du gehst in die Turnhalle.
Du gehst auf den Schulhof.
Du gehst zu der Bushaltestelle.

Er geht in die Turnhalle.
Er geht auf den Schulhof.
Er geht zu der Bushaltestelle.
Sie geht in die Turnhalle.
Wir gehen auf den Schulhof.

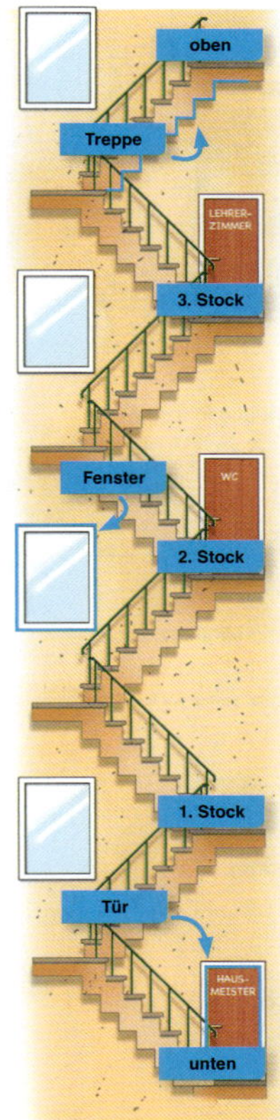

Wege beschreiben – Präpositionen *in, zu, auf,* Richtungsangaben

nach links — nach rechts

3 Lies die Sätze und zeichne die Wege in den Stadtplan ein.

– Ich gehe von der Schule in die Turnhalle.
– Er geht von der Bushaltestelle in die Turnhalle.
– Sie geht von der Schule in das Einkaufszentrum.

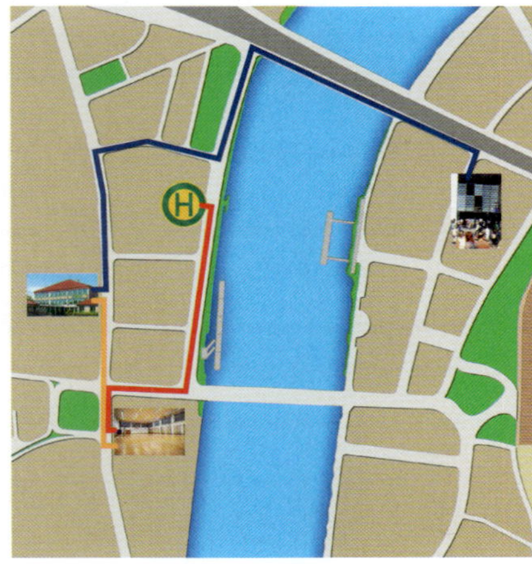

4* Finde eigene Wege im Stadtplan und beschreibe sie deinem Partner/deiner Partnerin.

5* Beschreibe das Treppenhaus links.

Stock(werke) | Turnhalle | Schulhof | Treppe | Tür | Fenster | Eingang   Ausgang | Einkaufszentrum | auf | unten | in | rechts | an | links | geradeaus

* Individuelle Lösung

Unterwegs

1 Ordne die Wörter in den Bausteinen den Bildern zu und schreibe sie auf.

das Auto | die U-Bahn | das Mofa | die S-Bahn | der Roller | das Fahrrad | der Bus | die Straßenbahn | das Motorrad

das Auto, der Roller, das Fahrrad, der Bus, die S-Bahn
die Straßenbahn, die U-Bahn, das Motorrad, das Mofa

2 Ergänze die Sätze und verwende jedes Fahrzeug nur einmal. Markiere die Endungen der Verben farbig und unterstreiche die Präposition mit dem Artikel.

	fahren
ich	fahre
du	fährst
er/sie/es	fährt
wir	fahren
ihr	fahrt
sie	fahren

Ich fahre mit dem Bus.
Ich fahre mit der S-Bahn.
Du fährst mit dem Mofa.
Du fährst mit dem Motorrad.
Er fährt mit dem Auto.
Er fährt mit der U-Bahn.
Sie fährt mit dem Fahrrad.
Sie fährt mit dem Roller.
Wir fahren mit dem Bus.
Wir fahren mit der Straßenbahn.

der Bus › › › mit dem Bus
die U-Bahn › › › mit der U-Bahn
das Auto › › › mit dem Auto

Fahrzeuge, Unternehmungen, Ortsangaben – Präpositionen *zum, vom, mit*

3 Verbinde die Sätze mit den Bildern und sprich dazu.

Wohin fährst du?
Ich fahre …
zum Training.
zum Arzt.
zum Schwimmbad.
zum Stadtpark.
zum Einkaufszentrum.
nach Hause.

Woher kommst du?
Ich komme …
vom Training.
vom Arzt.
vom Schwimmbad.
vom Stadtpark.
vom Einkaufszentrum.
von zu Hause.

4 Lies die Sätze und verbinde sie zu einem Satz. Schreibe den Satz auf.

Mustafa fährt zum Training. Er fährt mit dem Bus. — Mustafa fährt mit dem Bus zum Training.
Aylem fährt zum Schwimmbad. Sie fährt mit der U-Bahn. — Aylem fährt mit der U-Bahn zum Schwimmbad.
Emre und Abdul fahren zum Einkaufszentrum. Sie fahren mit der S-Bahn. — Emre und Abdul fahren mit der S-Bahn zum Einkaufszentrum.
Hassan fährt zum Arzt. Er fährt mit dem Fahrrad. — Hassan fährt mit dem Fahrrad zum Arzt.

Danach gehen sie zu Fuß nach Hause.

5* Schreibt zu zweit Dialoge und spielt sie vor. Verwendet die Sprechblasen.

Gehst du mit? | Wohin fährst du? | Ich fahre zum … | Ja, klar! | Ich fahre mit … | Nein, jetzt nicht.

Bus | Auto | Fahrrad | Roller | U-Bahn | mit | nach | Arzt | zum | von | zu   Stadtpark | Einkaufszentrum | Training | Schwimmbad | S-Bahn | Arzt

* Individuelle Lösung

Lösungen (Seiten 32–35)

Unterwegs

Wann fährt mein Zug?

Wie spät ist es?

1 Wie spät ist es? Schreibe die Uhrzeiten in Buchstaben auf.

- Acht Uhr und fünfzehn Minuten
- Zwanzig Uhr und fünfzehn Minuten
- Acht Uhr und dreißig Minuten
- Zwanzig Uhr und dreißig Minuten
- Acht Uhr und fünfundvierzig Minuten
- Zwanzig Uhr und fünfundvierzig Minuten

2 Schreibe die Abfahrtszeiten der Züge (Bild) wie im Beispiel in dein Heft und sprich sie laut.

Der Zug nach Berlin-Spandau fährt um 11 Uhr 39.

3 Fülle die Lücken mit Ziffern. Lies die Sätze laut vor.

Du musst um 15 Uhr 08 zum Bus. Dein Bus fährt um 15 Uhr 08.

Du musst um 17 Uhr zum Arzt. Dein Termin ist um 17 Uhr.

Du musst um 20 Uhr zum Training. Dein Training beginnt um 20 Uhr.

4 Schreibe passende Grußformeln auf die Leerzeilen.

6–10 Uhr	am Morgen/morgens	Guten Morgen!
10–12 Uhr	am Vormittag/vormittags	Guten Tag!
12–14 Uhr	am Mittag/mittags	Guten Tag!
14–17 Uhr	am Nachmittag/nachmittags	Guten Tag!
17–22 Uhr	am Abend/abends	Guten Abend!
22–6 Uhr	in der Nacht/nachts	Gute Nacht!

Guten Tag! Guten Morgen! Gute Nacht! Guten Abend!

5 Trage die richtige Tageszeit ein und lies laut.

Am Morgen frühstücke ich.

Am Vormittag gehe ich in die Schule.

Am Abend gehe ich auf den Sportplatz.

In der Nacht schlafe ich.

6 Fülle die Lücken mit einem Baustein.

Mustafa fährt am Mittag mit dem Bus zum Arzt.

Esra geht am Morgen in die Schule.

Aylem muss um 15 Uhr zum Training.

Ich schlafe in der Nacht.

Mein Termin ist um 8.15 Uhr.

schlafe | Arzt | Bus | ist | Training | fährt | Termin | geht | Schule | Fahrrad | Nacht

1	2	3	4	5	6	7	8	9	10	11	12	13	14	15	20	30	40	50	60	70	80	90	100
eins	zwei	drei	vier	fünf	sechs	sieben	acht	neun	zehn	elf	zwölf	dreizehn	vierzehn	fünfzehn	zwanzig	dreißig	vierzig	fünfzig	sechzig	siebzig	achtzig	neunzig	hundert

Unterwegs

Ich brauche …

Ich brauche …

1* Kreuze an und sprich den ganzen Satz:

Im Modegeschäft: Ich brauche etwas zum Anziehen. Ich kaufe
- eine Hose. / eine Jacke.
- ein T-Shirt. / Schuhe.
- einen Pullover. / eine Mütze.

Im Schreibwarenladen: Ich brauche etwas zum Schreiben. Ich kaufe
- einen Stift. / ein Heft.
- einen Füller. / Farben.

Im Supermarkt: Ich brauche etwas zum Essen. Ich kaufe
- ein Brot. / einen Schokoriegel.
- eine Brezel. / Äpfel.

In der Buchhandlung: Ich brauche etwas zum Lesen. Ich kaufe
- ein Buch. / eine Zeitung.
- eine Zeitschrift. / Comics.

2* Mustafa braucht etwas zum Anziehen. Was kauft er ein? Schreibe in dein Heft. Aylem braucht etwas zum Schreiben. Was kauft sie ein? Schreibe in dein Heft.

3a Sprecht folgenden Dialog:

Verkäuferin:
Guten Tag! Kann ich helfen?
Was möchten Sie denn?
Welche Größe?
So, hier. Probieren Sie bitte.
25 Euro.
Danke. Auf Wiedersehen!

Mustafa:
Hallo! Ja, ich brauche etwas zum Anziehen.
Ich möchte eine Hose kaufen.
Größe 36.
Danke. Ja, sie passt. Was kostet die Hose?
Die Hose nehme ich. Hier bitte.
Auf Wiedersehen!

b Erfindet zu zweit ein neues Gespräch und schreibt es in euer Heft.

c Spielt die beiden Szenen nach.

4 Ergänze die fehlenden Formen und schreibe sie auf. Markiere die Endungen farbig.

	ich	du	er/sie/es	wir	ihr	sie
brauchen	brauche	brauchst	braucht	brauchen	braucht	brauchen
kaufen	kaufe	kaufst	kauft	kaufen	kauft	kaufen
schreiben	schreibe	schreibst	schreibt	schreiben	schreibt	schreiben

5a Ersetze die unterstrichenen Wörter sinnvoll. Nutze die Textbausteine.

<u>Am Nachmittag</u> fährt Aylem mit dem Bus zum Einkaufen.
Sie braucht etwas <u>zum Anziehen</u>.
Sie geht <u>in ein Modegeschäft</u>.
Aylem kauft <u>ein T-Shirt</u> und <u>eine Jacke</u>.

in eine Buchhandlung | ein Heft | Am Morgen | Nachmittags | eine Zeitschrift | zum Lesen | zum Schreiben | in einen Schreibwarenladen

b Du gehst einkaufen. Schreibe einen eigenen Text in dein Heft. Ersetze die unterstrichenen Wörter in Aufgabe 5a und benutze die richtige Form.

Quer durch Deutschland

Erkennst du die Stadt? Wenn du nicht sicher bist, schau auf Seite 75 nach.

Das ist Frankfurt am Main.

Die Stadt hat 720.000 Einwohner.

Die Stadt gehört zum Bundesland Hessen.

Supermarkt | Buchhandlung | Modegeschäft | Buch | Kiosk | bitte | Schreibwarenladen | kaufen | kosten | bitte | Hose | T-Shirt | brauchen

* Individuelle Lösung

Lösungen (Seiten 36–39)

Unterwegs

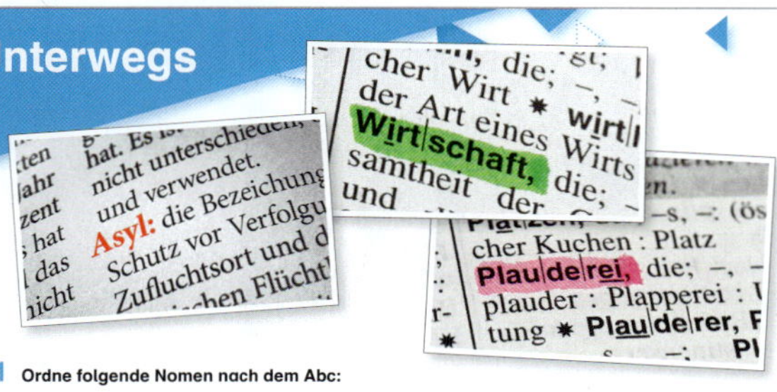

1 Ordne folgende Nomen nach dem Abc:

Klasse · Computer · Tiere · Tag · Deutschland · Sport · Rucksack · Arzt · Buch · Lehrerin · Freitag · Brot

Arzt	Computer	Klasse	Sport
Brot	Deutschland	Lehrerin	Tag
Buch	Freitag	Rucksack	Tiere

2 Übertrage die Tabelle in dein Heft und schreibe die Wörter aus Aufgabe 1 in Spalte 1 der Tabelle. Finde die Wörter im Wörterbuch, notiere die Seitenzahl und ergänze den Artikel. Schreibe das im Wörterbuch nachfolgende Wort auf.

Wort im Wörterbuch	Seite	Nachfolgendes Wort
der Computer		

3* Schreibt eure Vornamen an die Tafel. Markiert die Anfangsbuchstaben. Ordnet die Namen in alphabetischer Reihenfolge und übertragt sie in euer Heft.

Mit dem Wörterbuch arbeiten – Nomen und Adjektive

4* Suche Eigenschaftswörter (Adjektive) im Wörterbuch und schreibe sie in alphabetischer Reihenfolge in die Schlange.

5a* Finde aus dem Wörterbuch zu jedem Buchstaben deines Vornamens ein passendes Adjektiv, das dich beschreibt.

B eliebt
E hrgeizig
N eugierig

b Ordne die Nomen alphabetisch.

Birne · Banane · Heft · Schokolade · Brot · Hose · Stift · Sport · Haare

B:	Banane	Birne	Brot
H:	Haare	Heft	Hose
S:	Schokolade	Sport	Stift

6 Fertigt Wortkarten an. Legt sie verdeckt auf den Tisch. Eine Karte wird aufgedeckt. Wer das Wort zuerst im Wörterbuch gefunden hat, sagt die Seitenzahl und darf die nächste Karte aufdecken.

Buch · Sport · Klasse · Freitag

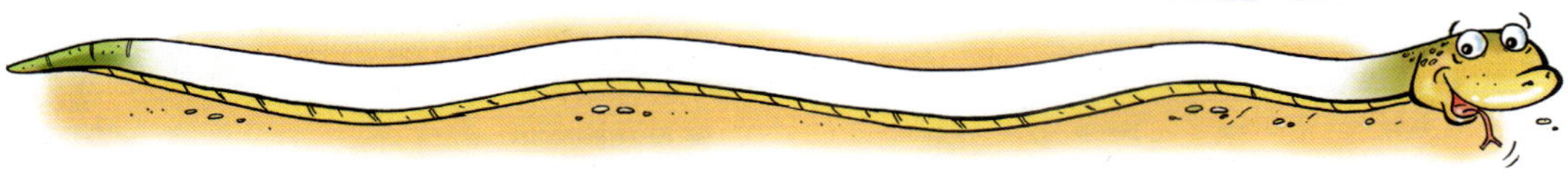

A Ä a ä B b C c D d E e F f G g H h I i J j K k L l M m N n O Ö o ö P p Q q R r S s T t U Ü u ü V v W w X x Y y Z z

* Individuelle Lösung
* Individuelle Lösung

Teste dich!

1 Schreibe die folgenden Wörter mit dem Artikel auf:

 Turnhalle
 Schwimmbad
 Training
 Auto
 Einkaufszentrum
 Uhr
 Fahrrad
 Zug
 Computer

die Turnhalle	das Schwimmbad	das Training
das Auto	das Einkaufszentrum	die Uhr
das Fahrrad	der Zug	der Computer

2 Konjugiere die Verben *fahren* und *gehen*.

	ich	du	er/sie/es	wir	ihr	sie
fahren	fahre	fährst	fährt	fahren	fahrt	fahren
gehen	gehe	gehst	geht	gehen	geht	gehen

3 Wohin fährst du? Woher kommst du? Bilde vier Sätze.

 Ich fahre zum Schwimmbad. Ich komme vom Schwimmbad.

 Ich fahre zum Einkaufszentrum. Ich komme vom Einkaufszentrum.

4 Bringe die Bausteine in die richtige Reihenfolge. Schreibe die Sätze richtig auf.

um 14 Uhr · zum Arzt. · muss · Mustafa	Mustafa muss um 14 Uhr zum Arzt.
fährt · Er · mit dem Bus.	Er fährt mit dem Bus.
geht · nach Hause. · zu Fuß · Er	Er geht zu Fuß nach Hause.
zum Training. · Um 18 Uhr · er · geht	Um 18 Uhr geht er zum Training.

Wichtige Wörter

der Arzt
die Ärzte

die Ärztin
die Ärztinnen

das Fenster
die Fenster

die Klasse
die Klassen

das Stockwerk
die Stockwerke

die Treppe
die Treppen

die Tür
die Türen

die Buchhandlung
die Buchhandlungen

das Einkaufszentrum
die Einkaufszentren

das Modegeschäft
die Modegeschäfte

die Bluse
die Blusen

die Hose
die Hosen

die Jacke
die Jacken

der Pullover
die Pullover

der Schuh
die Schuhe

das T-Shirt
die T-Shirts

das Auto
die Autos

der Bus
die Busse

die Bushaltestelle
die Bushaltestellen

das Fahrrad
die Fahrräder

die U-Bahn
die U-Bahnen

der Morgen
morgens

Guten Morgen!

der Vormittag
vormittags

Guten Tag!

der Mittag
mittags

der Nachmittag
nachmittags

der Abend
die Abende

abends
Guten Abend!

die Nacht
die Nächte

nachts
Gute Nacht!

die Uhr
die Uhren

die Uhrzeit

der Fußballplatz
die Fußballplätze

der Schulhof
die Schulhöfe

das Schwimmbad
die Schwimmbäder

der Sport

der Stadtpark
die Stadtparks

das Training

die Turnhalle
die Turnhallen

anziehen
essen
fahren
frühstücken
gehen
kaufen
lesen
müssen
schlafen

geradeaus
links
rechts
oben
unten

mit
nach Hause
vom (von dem)
wohin
zu
zum (zu dem)
zur (zu der)

Lösungen (Seiten 40–43)

Gemeinsam

Das ist meine Familie

1 Fülle die Lücken.

Mustafa ist der Bruder von Hassan.
Aylem ist die Schwester von Mustafa.
Aylem ist auch die Schwester von Hassan.
Hassan ist der Bruder von Aylem, Talibe und Mustafa.
Nesra ist die Freundin von Aylem.
Talibe ist die Schwester von Aylem, Mustafa und Hassan.
Ben ist der Freund von Hassan.

2* Stelle deine Familie vor. Zeichne einen Stammbaum in dein Heft und schreibe einen Text wie in Aufgabe 1.

Oma — Vater — Mutter
Aylem | Talibe | Mustafa | Hassan

Mutter|Vater|Bruder|Schwester|Oma|Familie|und|gemeinsam

Familienmitglieder, Mahlzeiten – Präposition *von*, Personalpronomen *mir*, Höflichkeitsformeln, Modalverben *können*, *mögen*

3 Frage nach den Gegenständen. Ergänze die Lücken.

Kannst du mir bitte die Tasse geben?
Kann ich bitte die Flasche haben?

Kannst du mir bitte den Teller geben?
Kann ich bitte den Teller haben?
Kannst du mir bitte die Gabel geben?
Kann ich bitte das Messer haben?
Kannst du mir bitte den Löffel geben?

4 Was isst du gerne? – Bilde Sätze und achte auf die richtige Verbform.

	ich	du	er/sie/es	wir	ihr	sie
essen	esse	isst	isst	essen	esst	essen
mögen	mag	magst	mag	mögen	mögt	mögen

Ich esse gerne Döner und Pommes.
Du isst gerne Spagetti und Pizza.
Er/Sie/Es isst gerne Eis und Kuchen
Wir essen gerne Hähnchen und Pommes.
Ihr esst gerne Mais
Sie essen gerne Kuchen

mögen|essen|Guten|Appetit|Oma|von|Tasse|Flasche|Salz

* Individuelle Lösung

Gemeinsam

1 Was macht man alles zu Hause? – Suche in deinem Wörterbuch nach Verben und schreibe das deutsche Wort in dein Heft.

2 Welches Wort passt nicht in die Reihe? Streiche es durch.

Das ist die Küche. ·········· kochen, essen, trinken, ~~schlafen~~
Das ist das Bad. ·········· duschen, Zähne putzen, ~~lernen~~, waschen
Das ist das Wohnzimmer. ···· sitzen, liegen, ~~kochen~~, spielen
Das ist das Schlafzimmer. ···· schlafen, lesen, ausruhen, ~~fahren~~

3 Stelle die Frage „Wo?" und unterstreiche in den folgenden Sätzen die Ortsangabe. Stelle dann den Satz um und schreibe ihn auf.

Vater macht in der Küche Kaffee.	In der Küche macht Vater Kaffee.
Mustafa putzt im Bad die Zähne.	Im Bad putzt Mustafa die Zähne.
Aylem schaut im Wohnzimmer einen Film an.	Im Wohnzimmer schaut Aylem einen Film an.
Mutter liest im Schlafzimmer ein Buch.	Im Schlafzimmer liest Mutter ein Buch.
Aylem wäscht im Bad ihre Haare.	Im Bad wäscht Aylem ihre Haare.
Mustafa liegt im Wohnzimmer auf dem Sofa.	Im Wohnzimmer liegt Mustafa auf dem Sofa.
Oma ruht im Schlafzimmer aus.	Im Schlafzimmer ruht Oma aus.

Wohnung|Küche|Wohnzimmer|Schlafzimmer|Bad|Familie|mit

Möbel und Wohnungseinrichtung – Umstellen von Satzgliedern

4 Markiere die Wörter in der Wortliste in der Farbe des passenden Raumes.

der Kühlschrank	die Kommode	die Lampe	die Creme
das Kissen	das Glas	der Topf	der Sessel
die Bürste	der Schrank	der Spiegel	die Spüle
das Waschbecken	das Sofa	der Teller	der Löffel
die Gabel	das Bett	der Fernseher	der Backofen
die Kaffeemaschine	der Kamm	die Seife	die Tasse
das Handtuch	das Messer	der Tisch	der Teppich
die Decke	das Regal	der Herd	die Toilette
die Badewanne	die Zahnbürste	der Nachttisch	die Dusche

5* Zeichne dein Zimmer und beschrifte die Gegenstände.

in|Haus|im|putzen|lesen|Küche|machen|schauen|Bad|liegen

* Individuelle Lösung

Lösungen (Seiten 44–47)

Gemeinsam

der Apfel die Banane die Trauben die Melone die Kirsche die Mandarine die Birne die Zitrone die Orange der Pfirsich

die Butter das Brot der Honig

1 **Verbinde die Wörter mit dem passenden Bild. Verwende verschiedene Farben.**

Kaffee
Abendessen
Mittagessen
Pause
Frühstück

2a **Arbeite mit deinem Partner/deiner Partnerin. Lest die Lebensmittel, die an den Seitenrändern stehen, abwechselnd laut vor. Markiert Nomen mit dem Artikel „der" blau, mit dem Artikel „die" rot und mit dem Artikel „das" grün.**

b* **Wähle Lebensmittel aus und schreibe sie mit dem Artikel zu den passenden Mahlzeiten. Notiere dann die Getränke.**

Frühstück

Getränke

Mittagessen

Abendessen

das Brötchen die Marmelade der Quark das Müsli der Käse

das Ei der Joghurt das Wasser der Zucker der Kuchen das Fleisch die Nudeln der Reis

3* **Kaufe für einen Tag ein. Schreibe auf den Einkaufszettel, was du brauchst.**

- Obst
- Gemüse
- Süßes
- Getränke
- Brot

4 **Lies die Sprechblasen. Stell dir die Situation vor und setze aus den Sprechblasen ein Verkaufsgespräch zusammen. Schreibe es in dein Heft. Spielt die Szene nach.**

Das kannst du einkaufen:

- 1 Brot
- 10 Brötchen
- 2 Stück Kuchen
- 1 kg Orangen
- 1 Salat
- 5 Tomaten
- 3 Bananen
- 1 kg Rindfleisch
- 150 g Wurst
- 500 g Kaffee

Guten Tag!
Was möchtest du haben?
…

die Suppe die Wurst der Käse der Kaffee die Tomaten der Frischkäse die Paprika der Apfelsaft die Milch

die Kartoffeln die Erbsen die Möhren der Orangensaft der Salat die Gurke das Hähnchen

* Individuelle Lösung

* Individuelle Lösung

Gemeinsam

Januar Februar März April Mai Juni Juli August September Oktober November Dezember

Montag	Dienstag	Mittwoch	Donnerstag	Freitag	Samstag	Sonntag
	16 Uhr Gitarre	18 Uhr Handball Hassan	Esra/Aylem Zahnarzt		Klaus: Geburtstag	

Januar — heute — morgen — übermorgen — nächste Woche

1 **Trage die richtigen Wochentage ein.**

Heute ist Dienstag.
Übermorgen ist Donnerstag.
Morgen ist Mittwoch.
Am Montag beginnt die nächste Woche.

2 **Trage die Termine in den Kalender oben ein.**

Heute hast du um 16 Uhr Gitarre.
Morgen hat Hassan um 18 Uhr Handballtraining.
Übermorgen haben Esra und Aylem einen Zahnarzttermin.
Am Samstag seid ihr alle bei Klaus zum Geburtstag eingeladen.

3 **Wann habt ihr Zeit, gemeinsam ein Geschenk für Klaus zu kaufen? Verabredet euch. Spielt die Szene der Klasse vor. Die Sätze helfen euch.**

4a **In welchem Monat hast du Geburtstag? Markiere ihn mit einem Farbstift.**

b **Schreibe dein Geburtsdatum auf:**

c **Nehmt einen Jahreskalender und tragt eure Geburtstage ein.**

5 **Lies die Einladung und gestalte eine eigene für deinen Geburtstag.**

Liebe Aylem,
ich lade dich herzlich zu meiner Geburtstagsparty am Samstag, 16. Januar 2016 um 18.00 Uhr in die Karlstr. 1, 2. Stock ein.
Ich freue mich, wenn du kommst.
Dein Klaus

6 **Fülle die Lücken.**

Ein Jahr hat zwölf Monate. Ein Monat hat vier Wochen.
Eine Woche hat sieben Tage. Ein Tag hat vierundzwanzig Stunden.
Eine Stunde hat sechzig Minuten. Eine Minute hat sechzig Sekunden.

Geburtstag | Geschenk | morgen | heute | übermorgen | August | hast du | Januar | Kalender | nächste | Monat | Woche | seid | ihr | Einladung

Lösungen (Seiten 48–51)

Gemeinsam

Ein Geschenk für Klaus

1 Finde im Wortgitter die Nomen: Buch, Karten, Kopfhörer, Schokolade und Sporttasche. Rahme sie ein, sprich sie laut und schreibe sie mit dem Artikel in dein Heft.

P	H	G	(B	U	C	H)	H	C	A	F	M	K	X	L	A
V	O	(S	C	H	O	K	O	L	A	D	E)	E	N	Q	R
L	G	F	(K	A	R	T	E	N)	B	P	F	R	W	U	T
S	R	K	(S	P	O	R	T	T	A	S	C	H	E)	V	T
Z	E	(K	O	P	F	H	Ö	R	E	R)	L	T	S	W	Z

2* Über welches Geschenk freust du dich? Suche nach dem Gegenstand im Wörterbuch und schreibe ihn mit dem bestimmten und dem unbestimmten Artikel auf.

der/die/das	ein/eine/ein

	schenken
ich	schenke
du	schenkst
er/sie/es	schenkt
wir	schenken
ihr	schenkt
sie	schenken

Geschenke, Geburtstagsbesuch – bestimmter/unbestimmter Artikel, Höflichkeitsformeln, Fragen stellen

3a Aylem besucht Klaus. Bringe die Bilder in die richtige Reihenfolge und nummeriere sie.

b Welche der folgenden Sätze passen zu welchem Bild? Nummeriere sie. Die Farben helfen dir.

1 Entschuldigung!	1 Wo ist die Karlstraße?
2 Hier entlang!	5 Hast du Hunger?
5 Ja! Was gibt es denn zu essen?	5 Es gibt Geburtstagskuchen.
4 Herzlichen Glückwunsch zum Geburtstag!	3 Hallo, ich bin es, Aylem!
5 Kuchen mag ich gerne!	3 Wer ist da?
6 Tschüs, danke für die Einladung!	3 Hallo, komm rein!

c Schreibe den Text in der richtigen Reihenfolge in dein Heft.

d Spielt die Szene.

Quer durch Deutschland

Erkennst du das Bauwerk?
Wenn du nicht sicher bist, schau auf Seite 75 nach.

Das ist ein Schloss.

Es steht in Heidelberg.

Die Stadt hat 155.000 Einwohner.

Die Stadt gehört zum Bundesland Baden-Württemberg.

Glückwunsch | Alles | Gute | Schokolade | Buch | mögen | Kopfhörer Schokolade | Karten | schenken | Hunger | wo | Entschuldigung

* Individuelle Lösung

Gemeinsam

Teste dich!

1 Schreibe die folgenden Wörter mit dem Artikel auf:

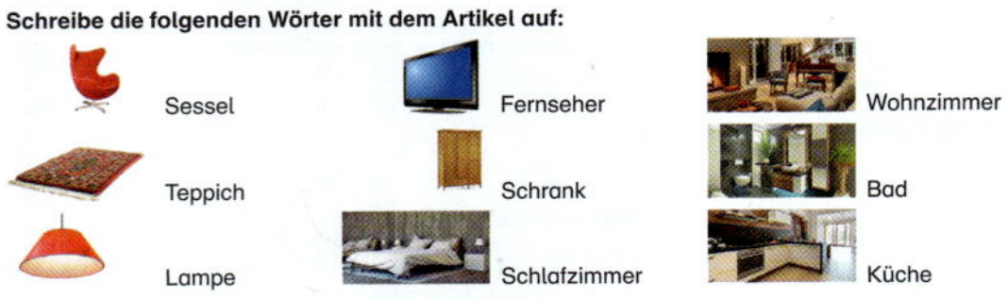

der Sessel	der Fernseher	das Wohnzimmer
der Teppich	der Schrank	das Bad
die Lampe	das Schlafzimmer	die Küche

2 Ergänze die Lücken.

Vater ist in der Küche. Mutter liegt im Wohnzimmer auf dem Sofa. Sie liest ein Buch. Mustafa und Hassan sind auch im Wohnzimmer.

3 Bilde aus den folgenden Bausteinen richtige Sätze:

die Flasche | bitte | ich | haben | kann — Kann ich bitte die Flasche haben?

lecker | das Essen | schmeckt — Das Essen schmeckt lecker.

ich | Kuchen | gerne | esse | und | Pizza | Eis — Ich esse gerne Pizza, Eis und Kuchen.

4 Konjugiere die Verben *essen* und *mögen*.

	ich	du	er/sie/es	wir	ihr	sie
essen	esse	isst	isst	essen	esst	essen
mögen	mag	magst	mag	mögen	mögt	mögen

Wichtige Wörter

die Familie – die Familien
die Mutter – die Mütter
der Vater – die Väter
die Schwester – die Schwestern
der Bruder – die Brüder
die Oma – die Omas
der Opa – die Opas
die Einladung – die Einladungen
der Geburtstag – die Geburtstage
das Geschenk – die Geschenke
das Frühstück
das Mittagessen
die Kaffeepause
das Abendessen
die Banane – die Bananen
die Butter
das Ei – die Eier
das Fleisch
das Hähnchen
die Kartoffel – die Kartoffeln
der Käse

der Kuchen
die Nudel – die Nudeln
die Orange – die Orangen
die Paprika
der Reis
der Salat – die Salate
die Tomate – die Tomaten
das Getränk – die Getränke
der Apfelsaft
der Orangensaft
die Milch
der Kalender
das Jahr – die Jahre
der Monat – die Monate
der Tag – die Tage
die Stunde – die Stunden
die Minute – die Minuten
die Wohnung – die Wohnungen
das Zimmer – die Zimmer
das Schlafzimmer
das Bett – die Betten

der Schrank – die Schränke
das Wohnzimmer
der Sessel – die Sessel
das Sofa – die Sofas
der Fernseher – die Fernseher
die Lampe – die Lampen
die Küche – die Küchen
der Kühlschrank – die Kühlschränke
der Herd – die Herde
die Gabel – die Gabeln
der Löffel – die Löffel
das Messer – die Messer
das Glas – die Gläser
das Bad – die Bäder
das Waschbecken – die Waschbecken
die Badewanne – die Badewannen
die Dusche – die Duschen
die Toilette – die Toiletten

ausruhen
einladen
essen
freuen
geben
kosten
liegen
machen
mögen
müssen
schenken
schmecken
sollen
trinken

Guten Appetit!
Alles Gute!
Herzlichen Glückwunsch!

auf
im

Lösungen (Seiten 52–55)

Wir

1 **Lies den folgenden Text:**

Esra ist eine Freundin von Ayshe.
Murat ist ein Freund von Ahmet.
Ahmet und Finn sind Freunde von Esra.

Bilde mit den Namen weitere Beispielsätze.

Samira ist die Freundin von Finn.
Ayshe ist die Freundin von Hassan.
Sina ist die Freundin von Murat.

2* **Knüpfe mit Hilfe der Anleitung ein Freundschaftsband. Schreibe die Farben auf, die du für dein Freundschaftsband verwendet hast.**

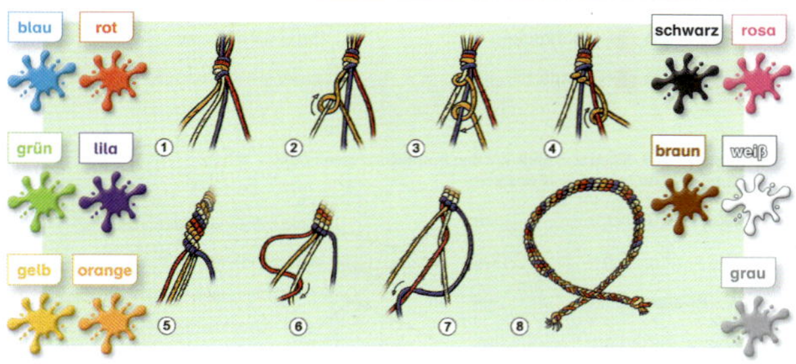

3* **Fülle die Lücken.**

Das bin ich

Ich heiße ______. Ich bin ______ Jahre alt.
Ich komme aus ______.
Ich mag ______.
Ich esse gerne ______.
Ich kann gut ______.
Ich habe am ______ Geburtstag.
Meine Lieblingsfarbe ist ______.
Mein bester Freund / Meine beste Freundin heißt ______.
Ich gehe gerne ______.
Das ist mir wichtig: ______

4 **Stelle deinem Partner / deiner Partnerin folgende Fragen. Er/Sie antwortet dir.**

- Wie heißt du?
- Wie alt bist du?
- Woher kommst du?
- Was magst du?
- Was isst du gerne?
- Was kannst du gut?
- Wann hast du Geburtstag?
- Was ist deine Lieblingsfarbe?
- Wie heißt dein bester Freund/deine beste Freundin?
- Wohin gehst du gerne?
- Was ist dir wichtig?

5* **Schreibe die Antworten deines Partners oder deiner Partnerin in dein Heft.**

Das ist …
Er/Sie ist …
Er/Sie kommt aus …
…

lila | gelb | Freunde | wann | was | wie | wohin | blau | grün | kommen | essen   Lieblingsfarbe | woher | am | rot | weiß | Freunde | wann | was | wie | wohin

* Individuelle Lösung   * Individuelle Lösung

Wir

1 **Schlage in deinem Wörterbuch nach. Suche nach dem Artikel des Nomens und schreibe ihn auf.**

das T-Shirt	das Sweatshirt	die Socken
die Hose	der Badeanzug	die Sportschuhe
der Rock	die Jacke	die Bluse
die Schuhe	die Mütze	der Pullover

2 **Die Freunde gehen einkaufen. Lies laut und ergänze die Sätze. Schreibe auch die Farbe auf.**

Aylem sucht einen grünen Badeanzug und eine blaue Hose.
Hassan nimmt einen braunen Pullover und gelbe Sportschuhe.
Esra wählt einen braunen Rock, eine blaue Bluse und eine lila Mütze.
Murat kauft ein blaues Sweatshirt und eine schwarze Jacke.

3 **Was kaufst du? – Bilde mit den Kleidungsstücken, die Aylem, Hassan, Esra und Murat nicht aussuchen, Sätze und schreibe sie in dein Heft.**

4* **Schau dir die Sportarten rechts an. Sprecht darüber und verwendet die folgenden Redemittel:**

Ich kann …	Ich mag …
sehr gut …	sehr gern …
gut …	gern …
nicht so gut …	nicht so gern …
schlecht …	nicht …
nicht …	gar nicht …

5 **Fülle die Lücken mit einem passenden Verb.**

Mario rudert gerne.
Aylem und Esra tanzen gerne.
Ben läuft gerne.
Esra schwimmt gerne.
Mario und Hanna laufen gerne.

schwimmen | tanzt | laufen | läuft | tanzen | schwimmt

6 **Ergänze die Sätze.**

Ich gehe zum Schwimmen. Ich brauche einen Badeanzug.
Du gehst zum Joggen. Du brauchst Sportschuhe.
Esra spielt Basketball. Sie braucht Sportschuhe und einen Ball.
Aylem und Hassan spielen Fußball. Sie brauchen einen Ball.

7* **Welche Sportarten kennst du noch? Schreibe sie auf.**

Hose | Schuhe | Jacke | T-Shirt | Mütze | super | Basketball | Schwimmen   Handball | Fußball | tanzen | laufen | wählen | einkaufen | aussehen

* Individuelle Lösung

Lösungen (Seiten 56–59)

Wir

Konfliktsituationen, Gefühle – Imperativ, Wortfeld *sagen*, Adjektiv-wortfeld *Gefühle*, Konjunktion *weil*

1* **Übersetze.**

Hört auf! ______
Lass das! ______
Was soll das? ______
Ich möchte das nicht! ______
Lass mich in Ruhe! ______

Tut mir leid! ______
Entschuldigung! ______
Das wollte ich nicht! ______
Du hast ja recht! ______
In Ordnung! ______

2 **Lies und ergänze die Dialoge mit Bausteinen aus Aufgabe 1. Sprich die Sätze nach.**

- Hassan nimmt das Handy von Arnit und schaut sich ihre Fotos an.

Arnit ruft: „Was soll das?"
Hassan sagt: „Entschuldigung!"

- Mustafa wühlt in der Tasche von Esra.

Samira schreit: „Lass das!"
Mustafa lacht: „In Ordnung!"

- Ben trinkt den Kaffee von Esra.

Esra brüllt: „Ich möchte das nicht!"
Ben erwidert: „Tut mir leid."

Wortfeld *sagen*
sprechen
antworten
rufen
schreien
erwidern
entgegnen
flüstern
heulen
brüllen
...

3a* **Lies die folgenden Adjektive und ergänze das richtige Emoticon:**

verliebt, wütend, cool, unglücklich, entsetzt, ärgerlich, glücklich, erschrocken, traurig, erstaunt

b **Welches Wort passt nicht? Streiche es durch.**

glücklich – verliebt – ~~entsetzt~~
ärgerlich – wütend – ~~cool~~
erschrocken – entsetzt – ~~erstaunt~~
traurig – unglücklich – ~~cool~~

4a **Fülle die Lücken mit dem richtigen Adjektiv.**

Kevin ist wütend. Sein Handy ist kaputt.
Esra ist glücklich. Ihre Mutter hat heute Geburtstag.
Finn ist erschrocken. Seine Gitarre ist weg.
Paula ist ärgerlich. Ihr Hund frisst den Geburtstagskuchen.

b **Ergänze die Lücken und bilde mit den Bausteinen einen Satz. Unterstreiche im *weil*-Satz das Verb.**

Kevin ist wütend, weil ... sein Handy kaputt ist.
Esra ist glücklich, weil ... ihre Mutter heute Geburtstag hat.
Finn ist erschrocken, weil ... seine Gitarre weg ist.
Paula ist ärgerlich, weil ... ihr Hund den Geburtstagskuchen frisst.

Ruhe|Entschuldigung|schreien|antworten|rufen|lachen|cool entsetzt|glücklich|verliebt|traurig|unglücklich|ärgerlich|wütend

* Individuelle Lösung
* Individuelle Lösung

Wir

Tiere – Präpositionen *auf, hinter, im, neben, über, unter*

1 **Markiere das Wort, das nicht in die Reihe passt. Die markierten Wörter ergeben den Lösungssatz.**

Apfel – Brot – (Wir) – Karotten – Fleisch
sagen – rufen – schreien – (kochen) – flüstern
Handball – Tennis – Fußball – (heute) – Schwimmen
Dezember – Oktober – (Mittag) – Juli – März
Tee – Limonade – Milch – (Spagetti) – Wasser

Schreibe den Lösungssatz auf:

Wir kochen heute Mittag Spagetti.

2 **Ergänze die Reihen.**

vier – acht – zwölf – sechzehn – zwanzig
Montag – Dienstag – Mittwoch – Donnerstag – Freitag
grün – gelb – rot – blau – weiß
Hose – T-Shirt – Rock – Bluse – Mütze
Schrank – Bett – Tisch – Stuhl – Regal

3 **Im Gitterrätsel haben sich 13 Zeitangaben versteckt. Markiere sie farbig.**

B	R	V	M	O	R	G	E	N	T	V	B	D	L	T	E	P
L	M	A	T	S	X	Q	V	M	I	N	U	T	E	B	K	F
G	L	S	M	I	T	T	A	G	D	R	M	D	S	V	P	T
A	D	R	U	T	I	K	D	M	J	A	H	R	W	S	K	A
C	G	P	S	Ü	B	E	R	M	O	R	G	E	N	F	V	B
B	O	R	H	L	C	M	Z	L	P	T	F	T	A	G	W	F
W	V	M	O	G	L	S	A	H	E	U	T	E	M	N	O	L
D	P	L	B	V	W	Q	M	O	N	A	T	D	W	R	W	X
C	R	J	L	M	P	X	Z	G	A	B	E	N	D	N	R	X
O	G	W	O	C	H	E	T	H	S	M	P	U	T	V	R	X
S	B	U	W	R	G	S	E	K	U	N	D	E	T	S	M	O
M	B	R	N	A	C	H	T	E	O	V	D	I	T	V	G	B
T	G	X	M	P	O	R	S	T	U	N	D	E	H	F	L	D

4 **Finde die Tiernamen in deinem Wörterbuch. Schreibe sie mit dem Artikel auf.**

der Löwe

das Krokodil

die Giraffe

der Pinguin

das Nashorn

das Nilpferd

der Affe

der Adler

der Wal

der Tiger

die Schlange

der Elefant

5 **Wo fühlen sich die Tiere wohl? Bilde mit den Tiernamen aus Aufgabe 4 und den Präpositionen Sätze. Schreibe sie in dein Heft und sprich dazu.**

neben der Höhle

im Wasser

unter dem Busch

über den Wolken

auf dem Baum

hinter dem Felsen

Präpositionen
auf
hinter
im
neben
über
unter

Wo ist der Affe? Der Affe ist gern auf dem Baum.

Stunde|Elefant|Löwe|Woche|Tiger|Giraffe|Nacht|Pinguin|Monat Wal|Wasser|Affe|Nilpferd|Höhle|Pinguin|neben|Tiger

Lösungen (Seiten 60–63)

Wir

sich und seinen Wohnort vorstellen – eine Ich-Collage anfertigen

1 Gestalte auf dieser Doppelseite deine Ich-Collage.
Du kannst zeichnen, schreiben und aufkleben, was dir wichtig ist.

Sport

Familie

Autos

Stars und Idole

Mode

Essen

Freunde

Musik

Bücher

Film

2 Stelle in einem Steckbrief deine Stadt oder deinen Wohnort vor.

Meine Stadt / Mein Wohnort

Wir

Teste dich!

1 Schreibe die folgenden Wörter mit dem Artikel und der Pluralform auf:

Hose, Bluse, Jacke, Sweatshirt, T-Shirt, Rock, Badeanzug, Mütze, Pullover

die Hose	die Bluse	die Jacke
das Sweatshirt	das T-Shirt	der Rock
der Badeanzug	die Mütze	der Pullover

2 Ordne die Bilder rechts den Sätzen zu und ergänze die Lücken.

Die Freunde gehen in die Turnhalle.
Sie spielen Basketball.
Mustafa versteckt Esras Sportschuhe.

3 Konjugiere die Verben *sagen* und *schreien*.

	ich	du	er/sie/es	wir	ihr	sie
sagen	sage	sagst	sagt	sagen	sagt	sagen
schreien	schreie	schreist	schreit	schreien	schreit	schreien

4 Setze die richtige Präposition ein.

Der Tiger liegt hinter dem Baum.
Der Adler fliegt über den Wolken.
Das Nilpferd ist im Wasser.
Der Affe ist auf dem Baum.
Der Löwe liegt vor dem Felsen.
Die Schlange ist unter dem Busch.

Wichtige Wörter

die Farbe
die Farben
blau
braun
gelb
grau
grün
lila
orange
rot
schwarz
weiß

der Basketball
der Fußball
der Handball
das Tennis

der Affe
die Affen
der Elefant
die Elefanten
die Giraffe
die Giraffen
das Krokodil
die Krokodile
der Löwe
die Löwen
das Nashorn
die Nashörner
der Tiger
die Tiger

antworten
brüllen
einkaufen
entgegnen
flüstern
heulen
joggen
kaufen
lachen
laufen
rudern
rufen
sagen
schreien
schwimmen
spielen
sprechen
tanzen

ärgerlich
entsetzt
erschrocken
glücklich
kaputt
traurig
wichtig
wütend

Entschuldigung
Es tut mir leid!
gern/gerne
Hört auf!
in Ordnung
in Ruhe lassen
Lasst das!

Lösungen (Seiten 64–67)

Angekommen

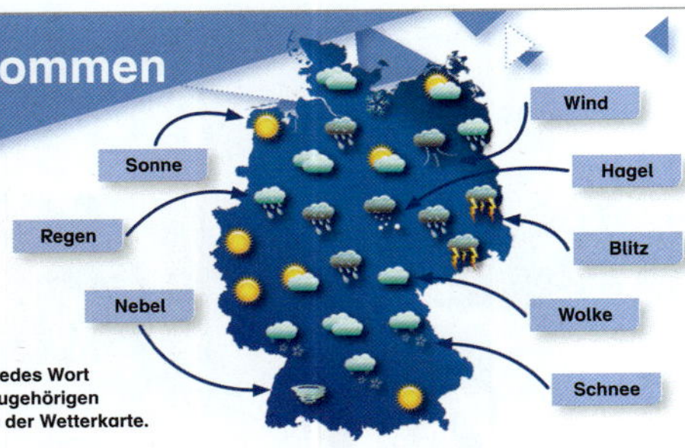

1 Verbinde jedes Wort mit dem zugehörigen Symbol in der Wetterkarte.

2 Trage das richtige Nomen mit dem Artikel ein. Wie ist das Wetter? Schreibe auf.

- die Sonne — Es ist sonnig.
- der Wind — Es ist windig.
- die Wolke — Es ist wolkig.
- der Regen — Es ist regnerisch. / Es regnet.
- der Schnee — Es schneit.

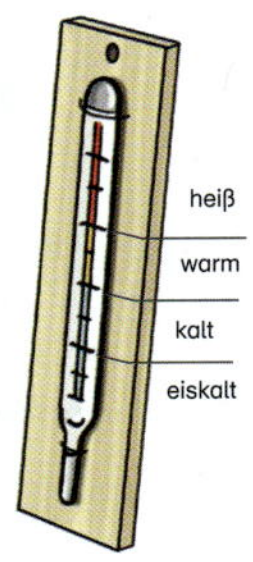

3 Lies die Wettervorhersage.
Schreibe für Donnerstag und Freitag eine Vorhersage in dein Heft.

Frankfurt am Main, Hessen

	Donnerstag	Freitag	Samstag	Sonntag
Tag	6°	4°	8°	10°
Nacht	4°	−2°	5°	6°

Am Donnerstag ist es am Tag bewölkt. Es hat 6°. Am Donnerstag ist es auch in der Nacht bewölkt. Es hat 4°.

Am Freitag …

Am …

4 Lies den folgenden Text laut.
Unterstreiche die Wörter, die das Wetter beschreiben.

Es ist Dienstag. Heute ist ein wechselhafter Tag.
Zuerst scheint die Sonne. Es ist warm.
Später am Vormittag regnet es. Viele Wolken sind am Himmel. Es ist ganz grau. Draußen ist es kalt und dunkel.
Dann schneit es. Es ist sehr windig und eiskalt, aber schön.

5 Ordne die Beschreibung des Wetters richtig in die Tabelle ein.

(Sonne)	(Regen)
ein blauer Himmel	ein kalter Tag
ein sonniger Tag	ein grauer Himmel
ein warmer Tag	ein windiger Tag

ein blauer Himmel – ein kalter Tag – ein sonniger Tag – ein grauer Himmel – ein warmer Tag – ein windiger Tag

6 Was ist gemeint? Trage das Nomen und den Artikel ein.

Sie ist gelb, heiß und groß. Es ist die Sonne.
Er ist weiß und immer kalt. Es ist der Schnee.
Er ist nass und meistens kalt. Es ist der Regen.

7* Wie ist das Wetter?
Suche einen aktuellen Wetterbericht für deine Region und ergänze die Sätze.

Heute ____________
Morgen ____________
Übermorgen ____________
Nächste Woche ____________

8* Wie ist das Wetter in deinem Herkunftsland? Schreibe einen eigenen Text in dein Heft.

Hagel|Sturm|Blitz|Donner|Wolken|Nebel|Schnee|Nieselregen Tropfen|sonnig|wolkig|bewölkt|windig|heiß|kalt|eiskalt|grau|warm

* Individuelle Lösung

Angekommen

FRÜHLING

1 Ordne die Nomen der Pflanze und dem Baum richtig zu.

SOMMER

2 Ordne Früchte und Getreide dem richtigen Bild zu. Nimm dein Wörterbuch zu Hilfe.

~~Brombeere~~
~~Erdbeere~~
~~Heidelbeere~~
~~Himbeere~~
~~Kirsche~~
~~Pilz~~
~~Gerste~~
~~Hafer~~
~~Raps~~
~~Weizen~~

HERBST

3 Koche eine Kürbissuppe und kaufe dafür ein.

Zubereitung:
- Kürbis waschen und Kerne entfernen
- Zwiebel, Ingwer und Kartoffel schälen
- Alles in kleine Stücke schneiden
- Olivenöl im Topf erhitzen
- Alles kurz andünsten
- Gemüsebrühe dazugeben
- 30 Minuten köcheln lassen
- Pürieren und mit Gewürzen abschmecken

Guten Appetit!

Zutaten
1 Hokkaidokürbis
1 kleine Zwiebel
1 kleines Stück Ingwer
500 ml Gemüsebrühe
1 Kartoffel
Salz
Pfeffer
Currypulver
Olivenöl

WINTER

4* Fülle die Anmeldung aus.

Wintersporttag
am 17. Februar 2016 von 10 bis 16 Uhr.
Möchtest du mit?
Gib deine Anmeldung bis zum 12. Februar 2016 bei deiner Lehrerin ab.

- Skifahren
- Langlaufen
- Schlittenfahren
- Eislaufen
- Schneeschuhwandern

Anmeldung zum Wintersporttag

Name: ____________
Klasse: ____________
Ich fahre am 17. Februar 2016 mit zum Wintersporttag.
Ich möchte ____________
Ich kann
☐ nicht gut ____________
☐ gut ____________
☐ sehr gut ____________

Himbeere|Raps|Weizen|Pilz|Heidelbeere|Kirsche|Stamm|Wurzel Ast|Blatt|Zweig|Blüte|Baum|Öl|Kürbis|Gewürz|Skifahren

* Individuelle Lösung

Lösungen (Seiten 68–71)

Angekommen

Natur, Freizeit –
Nominalisierung von Verben,
Modalverb *wollen*

1 **Lies das Gedicht laut. Verbinde die unterstrichenen Wörter mit dem richtigen Bild.**

Sigrid Heuck

Wolkenkind

Einst liebte der Wind
ein Wolkenkind …
Weiß, duftig und zart,
nach Wolkenart,
zog es über den Himmel geschwind.
„Komm mit mir auf die große Reise!
Ich zeig dir die Welt auf meine Weise!",
lockte der Wind
das Wolkenkind.

„Ich zeige dir Wälder,
Wiesen und Felder,
grüne Steppen mit wilden Pferden,
Rinderherden,
Wolkenkratzer und einsame Wüsten,
hohe Berge und steile Küsten.
Ich zeige dir Schiffe,
Korallenriffe
und bringe dich, ganz ohne Geld,
rund um die Welt." …

www.seelenfarben.de/derwochegedicht/derwochegedicht20021124.htm [01.02.2016]

2* **Drückt die Stimmung des Gedichts aus und sucht nach einer geeigneten Musik. Ihr könnt wahlweise das Gedicht auch mit Geräuschen untermalen.**

3 **Wohin wollt ihr fahren und was wollt ihr dort machen? – Schreibe weitere Beispiele auf.**
Beispiel: Wir wollen in die Berge fahren. Wir wollen zum Wandern gehen.

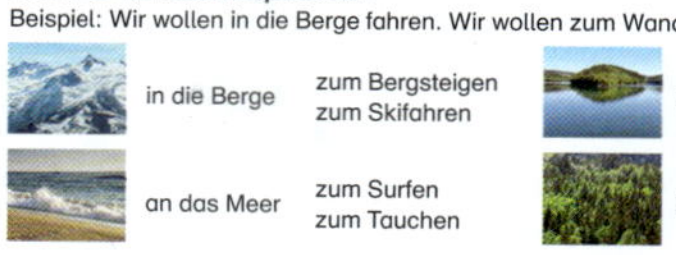

in die Berge	zum Bergsteigen zum Skifahren		an den See	zum Schwimmen zum Angeln
an das Meer	zum Surfen zum Tauchen		in den Wald	zum Spazierengehen zum Pilzesammeln

Wir wollen in die Berge fahren. Wir wollen zum Skifahren gehen.
Wir wollen an das Meer fahren. Wir wollen zum Surfen gehen.
Wir wollen an den See fahren. Wir wollen zum Schwimmen gehen.
Wir wollen in den Wald fahren. Wir wollen zum Pilzesammeln fahren.

4 **Auf Ansichtskarten findest du folgende Redewendungen. Markiere Gegensätze in derselben Farbe.**

- Es geht mir gut.
- Das Essen schmeckt mir nicht.
- Die Ferien sind super!
- Es geht mir nicht gut.
- Die Ferien sind so langweilig.
- Das Essen schmeckt mir.
- Das Wetter ist so schlecht.
- Das Wetter ist toll.

5* **Stelle dir vor, du bist in den Ferien. An wen möchtest du schreiben? Schreibe, wo du bist und wie es dir dort geht. Verwende auch die Redemittel aus Aufgabe 4.**

Hallo,

Tschüs

Wald | Wälder | Baum | Bäume | Pferd | Pferde | Schiff | Schiffe | Berg | Berge   See | Seen | wandern | schwimmen | tauchen | Pilze | sammeln

* Individuelle Lösung   * Individuelle Lösung

Angekommen

Körper, Gesundheit –
Personalpronomen *mir, dir, ihm, ihr*;
Possessivpronomen *mein, dein, sein, ihr*

1 **Ergänze bei den Nomen den Artikel. Das Wörterbuch hilft dir dabei.**

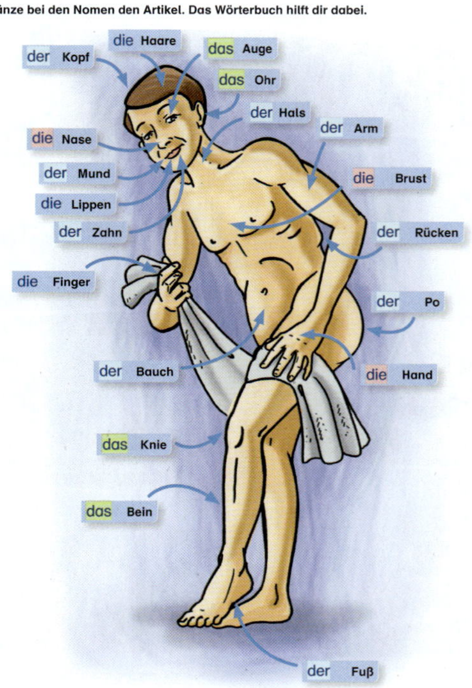

2 **Ergänze die Sätze.**

Bauch	Ich habe Bauchschmerzen. Mir tut mein Bauch weh.
	Du hast Bauchschmerzen. Dir tut dein Bauch weh.
	Er hat Bauchschmerzen. Ihm tut sein Bauch weh.
	Sie hat Bauchschmerzen. Ihr tut ihr Bauch weh.
Kopf	Ich habe Kopfschmerzen. Mir tut mein Kopf weh.
	Du hast Kopfschmerzen. Dir tut dein Kopf weh.
Ohren	Ich habe Ohrenschmerzen. Mir tut mein Ohr weh.
	Er hat Ohrenschmerzen. Ihm tut sein Ohr weh.
Zahn	Ich habe Zahnschmerzen. Mir tut mein Zahn weh.
	Sie hat Zahnschmerzen. Ihr tut ihr Zahn weh.

3* **Spielt einen kleinen Dialog zu den beiden Szenen. Benutzt die Formulierungen aus den Sprechblasen.**

(a) Lehrerin und Schüler: Du möchtest aus der Schule nach Hause gehen. Du fühlst dich krank.
(b) Schüler/-in und Schüler/-in: Deine Freundin/Dein Freund hat Kopfschmerzen. Du fragst nach.

Kopf | Köpfe | Haar | Haare | Auge | Augen | Ohr | Ohren | Zahn | Zähne | Arm   Arme | Hand | Hände | Bein | Beine | Fuß | Füße | Hals | krank | Fieber | schlecht

* Individuelle Lösung

Lösungen (Seiten 72–75)

Angekommen

Teste dich!

1 Schreibe die folgenden Wörter mit dem Artikel auf:

der Regen	die Wolke	der Tropfen
die Sonne	der Schnee	der Nebel
der Wind	der Himmel	der Blitz

2 Vervollständige die Sätze. Verwende Personal- und Possessivpronomen.

Ich habe Halsschmerzen. Mir tut mein Hals weh.

Du hast Kopfschmerzen. Dir tut dein Kopf weh.

Er/Sie hat Bauchschmerzen. Ihm/Ihr tut sein/ihr Bauch weh.

3 Konjugiere die Verben *schwimmen* und *sammeln*.

	ich	du	er/sie/es	wir	ihr	sie
schwimmen	schwimme	schwimmst	schwimmt	schwimmen	schwimmt	schwimmen
sammeln	sammle	sammelst	sammelt	sammeln	sammelt	sammeln

4 Wie wird das Wetter am Wochenende? Schreibe einen kurzen Wetterbericht.

Stuttgart, Baden-Württemberg

	Samstag	Sonntag
Tag	22°	26°
Nacht	16°	18°

Am Samstag ist es am Tag bewölkt, es hat 22°. Nachts hat es 16°.

Am Sonntag ist es am Tag sonnig. Es hat 26°. Nachts hat es 18°.

Wichtige Wörter

der Arm – die Arme
das Auge – die Augen
der Bauch
das Bein – die Beine
der Finger – die Finger
der Fuß – die Füße
das Haar – die Haare
der Hals
die Hand – die Hände
das Knie – die Knie
der Kopf – die Köpfe
die Lippen
der Mund
die Nase – die Nasen
das Ohr – die Ohren
der Rücken
der Zahn – die Zähne
das Fieber
der Schmerz – die Schmerzen
die Bauchschmerzen
die Halsschmerzen
die Kopfschmerzen

die Medizin
der Ast – die Äste
das Blatt – die Blätter
die Blume – die Blumen
das Feld – die Felder
der Wald – die Wälder
der Zweig – die Zweige
die Brombeere – die Brombeeren
die Erdbeere – die Erdbeeren
der Hafer
die Heidelbeere – die Heidelbeeren
die Himbeere – die Himbeeren
die Kartoffel – die Kartoffeln
die Kirsche – die Kirschen
der Kürbis – die Kürbisse
der Pilz – die Pilze
der Weizen
die Zwiebel – die Zwiebeln

der Blitz – die Blitze
der Donner
der Nebel
der Regen
der Schnee
der Wind
die Wolke – die Wolken

dunkel
grau
heiß
hoch
kalt
krank
müde
schlecht
sonnig
warm
wechselhaft
windig
wolkig

bringen
regnen
scheinen
schneien
zeigen

draußen

Angekommen

1 Informiere dich im Internet oder in einem Atlas und trage ein:
– die Namen der 16 Bundesländer und der Landeshauptstädte,
– die Nachbarländer Deutschlands und ihre Sprachen.

Die neue Heimat – Deutschland, Bundesländer, Sehenswürdigkeiten, Nachbarländer

Rheinland-Pfalz | Berlin | Thüringen | Bremen | Nordrhein-Westfalen | Baden-Württemberg | Saarland | Hamburg | Hessen | Bayern | Sachsen

S. 19, Aufgabe 5
Ist das dein Bleistift? – Ja, das ist mein Bleistift! – Nein, das ist nicht mein Bleistift!
Ist das dein Buch? – Ja, das ist mein Buch! – Nein, das ist nicht mein Buch!
Ist das deine Tafel? – Ja, das ist meine Tafel! – Nein, das ist nicht meine Tafel!
Ist das dein Mäppchen? – Ja, das ist mein Mäppchen! – Nein, das ist nicht mein Mäppchen!
Ist das dein Schlüssel? – Ja, das ist mein Schlüssel! – Nein, das ist nicht mein Schlüssel!
Ist das deine Schere? – Ja, das ist meine Schere! – Nein, das ist nicht meine Schere!
Ist das dein Tisch? – Ja, das ist mein Tisch! – Nein, das ist nicht mein Tisch!
Ist das deine Flasche? – Ja, das ist meine Flasche! – Nein, das ist nicht meine Flasche!
Ist das deine Mütze? – Ja, das ist meine Mütze! – Nein, das ist nicht meine Mütze!
Ist das dein Füller? – Ja, das ist mein Füller! – Nein, das ist nicht mein Füller!
Ist das dein Handy? – Ja, das ist mein Handy! – Nein, das ist nicht mein Handy!

S. 23, Aufgabe 5b
Nimm das Erkundebuch!
Schlage Seite 12 auf!
Lies bitte die Aufgabe 1!
Lies laut!

Nimm das Biologiebuch!
Schlage Seite 18 auf!
Lies bitte die Aufgabe 4!
Lies mit einem Freund!

S. 32, Aufgabe 2
Der Zug nach Szczecin Glowny fährt um 12 Uhr 02.
Der Zug nach L.-Travem. Strand [Lübeck Travemünde Strand] fährt um 12 Uhr 03.
Der Zug nach Kiel Hbf. fährt um 12 Uhr 06.
Der Zug nach Hamburg Hbf. fährt um 12 Uhr 08.
Der Zug nach Lüneburg fährt um 12 Uhr 09.
Der Zug nach Neustadt (H) fährt um 12 Uhr 12.
Der Zug nach Kiel Hbf. fährt um 12 Uhr 28.
Der Zug nach Hamburg Hbf. fährt um 12 Uhr 43.
Der Zug nach L.-Travem. Strand [Lübeck Travemünde Strand] fährt um 13 Uhr 03.
Der Zug nach Bad Kleinen fährt um 13 Uhr 04.
Der Zug nach Kiel Hbf. fährt um 13 Uhr 06.

S. 35, Aufgabe 5b
Am Morgen fährt Aylem mit dem Bus zum Einkaufen.
Sie braucht etwas zum Lesen.
Sie geht in eine Buchhandlung.
Aylem kauft eine Zeitschrift.
Nachmittags fährt Aylem mit dem Bus zum Einkaufen.
Sie braucht etwas zum Schreiben.
Sie geht in einen Schreibwarenladen.
Aylem kauft ein Heft.

S. 45, Aufgabe 4
Hassan: Guten Tag!
Verkäuferin: Was möchtest du haben?
Hassan: Ich möchte bitte …
Verkäuferin: Darf es noch etwas sein?
Hassan: Ja, ich möchte bitte noch …!
Verkäuferin: Was möchtest du noch?
Hassan: Danke, das ist alles! Was kostet das?
Verkäuferin: Das macht 6,57 € bitte! Danke. Auf Wiedersehen.
Hassan: Danke auch!

S. 48, Aufgabe 1
das Buch
die Karten
der Kopfhörer
die Schokolade
die Sporttasche

S. 49, Aufgabe 3c
Entschuldigung! Wo ist die Karlstraße?
Hier entlang!
Wer ist da? Hallo, ich bin es, Aylem! Hallo, komm rein!
Herzlichen Glückwunsch zum Geburtstag!
Hast du Hunger? Ja! Was gibt es denn zu essen? Es gibt Geburtstagskuchen. Kuchen mag ich gerne!
Tschüss, danke für die Einladung!

S. 54, Aufgabe 3
Aylem sucht ein schwarzes T-Shirt.
Mustafa kauft blaue Socken.
Hassan nimmt braune Schuhe.

S. 59, Aufgabe 5
Wo ist das Krokodil? – Das Krokodil ist neben der Höhle.
Wo ist der Wal? – Der Wal ist im Wasser.
Wo ist die Schlange? – Die Schlange ist unter dem Busch.
Wo ist der Adler? – Der Adler ist über den Wolken.
Wo ist der Löwe? – Der Löwe ist hinter dem Felsen.

S. 64, Aufgabe 3
Am Freitag ist es am Tag bewölkt. Es regnet und hat 4°. In der Nacht ist es auch bewölkt und hat –2°.
Am Samstag ist es am Tag sonnig und bewölkt. Es hat 8°. In der Nacht hat es 5°.
Am Sonntag ist es am Tag sonnig. Es hat 10°. In der Nacht hat es 6°.

3 **Frage nach den Gegenständen. Ergänze die Lücken.**

Kannst du mir bitte die Tasse geben?
Kann ich bitte die Flasche haben?

Kannst du __________ bitte den Teller ________________?

Kann __________ bitte den Teller ____________________?

__________ du __________ bitte die Gabel _____________?

_______________ ich bitte __________ Messer __________?

Kannst ____________________ bitte den Löffel __________?

4 **Was isst du gerne? – Bilde Sätze und achte auf die richtige Verbform.**

	ich	du	er/sie/es	wir	ihr	sie
essen	esse	isst	isst	essen	esst	essen
mögen	mag	magst	mag	mögen	mögt	mögen

Ich esse gerne ____________________ und _________________________.

Du isst gerne _________________________ und ______________________.

Er/Sie/Es ____

Wir ____.

Ihr ____.

Sie ____.

mögenessenGutenAppetitOmavonTasseFlascheSalz

Gemeinsam

1 **Was macht man alles zu Hause? –**
Suche in deinem Wörterbuch nach Verben und schreibe das deutsche Wort in dein Heft.

2 **Welches Wort passt nicht in die Reihe? Streiche es durch.**

Das ist die Küche. › › › › › › › › › kochen, essen, trinken, schlafen

Das ist das Bad. › › › › › › › › › › duschen, Zähne putzen, lernen, waschen

Das ist das Wohnzimmer. › › › sitzen, liegen, kochen, spielen

Das ist das Schlafzimmer. › › › schlafen, lesen, ausruhen, fahren

3 **Stelle die Frage „Wo?“ und unterstreiche in den folgenden Sätzen die Ortsangabe.**
Stelle dann den Satz um und schreibe ihn auf.

Vater macht in der Küche Kaffee. ______________________

Mustafa putzt im Bad die Zähne. ______________________

Aylem schaut im Wohnzimmer einen Film an. ______________________

Mutter liest im Schlafzimmer ein Buch. ______________________

Aylem wäscht im Bad ihre Haare. ______________________

Mustafa liegt im Wohnzimmer auf dem Sofa. ______________________

Oma ruht im Schlafzimmer aus. ______________________

WohnungKücheWohnzimmerSchlafzimmerBadFamiliemi

4 Markiere die Wörter in der Wortliste in der Farbe des passenden Raumes.

der Kühlschrank
das Kissen
die Bürste
das Waschbecken
die Gabel
die Kaffeemaschine
das Handtuch
die Decke
die Badewanne

die Kommode
das Glas
der Schrank
das Sofa
das Bett
der Kamm
das Messer
das Regal
die Zahnbürste

die Lampe
der Topf
der Spiegel
der Teller
der Fernseher
die Seife
der Tisch
der Herd
der Nachttisch

die Creme
der Sessel
die Spüle
der Löffel
der Backofen
die Tasse
der Teppich
die Toilette
die Dusche

5 Zeichne dein Zimmer und beschrifte die Gegenstände.

nHausimputzenlesenKüchemachenschauenBadliegen

Gemeinsam

der Apfel die Banane die Trauben die Melone die Kirsche

die Butter das Brot der Honig

1 **Verbinde die Wörter mit dem passenden Bild. Verwende verschiedene Farben.**

Kaffee

Abendessen

Mittagessen

Pause

Frühstück

2a **Arbeite mit deinem Partner/deiner Partnerin. Lest die Lebensmittel, die an den Seitenrändern stehen, abwechselnd laut vor. Markiert Nomen mit dem Artikel „der“ blau, mit dem Artikel „die“ rot und mit dem Artikel „das“ grün.**

b **Wähle Lebensmittel aus und schreibe sie mit dem Artikel zu den passenden Mahlzeiten. Notiere dann die Getränke.**

das Brötchen die Marmelade der Quark das Müsli der Käse

Frühstück

Getränke

Mittagessen

Abendessen

das Ei der Joghurt das Wasser der Zucker der Kuchen das Fleisch die Nudeln der Reis die Mandarine die Birne die Zitrone die Orange der Pfirsich

3 **Kaufe für einen Tag ein. Schreibe auf den Einkaufszettel, was du brauchst.**

- Obst
- Gemüse
- Süßes
- Getränke
- Brot

4 **Lies die Sprechblasen. Stell dir die Situation vor und setze aus den Sprechblasen ein Verkaufsgespräch zusammen. Schreibe es in dein Heft. Spielt die Szene nach.**

Das kannst du einkaufen:

- 1 Brot
- 10 Brötchen
- 2 Stück Kuchen
- 1 kg Orangen
- 1 Salat
- 5 Tomaten
- 3 Bananen
- 1 kg Rindfleisch
- 150 g Wurst
- 500 g Kaffee

Guten Tag!
Was möchtest du haben?
…

die Suppe die Wurst der Käse der Kaffee die Tomaten der Frischkäse die Paprika der Apfelsaft die Milch

die Kartoffeln die Erbsen die Möhren der Orangensaft der Salat die Gurke das Hähnchen

Gemeinsam

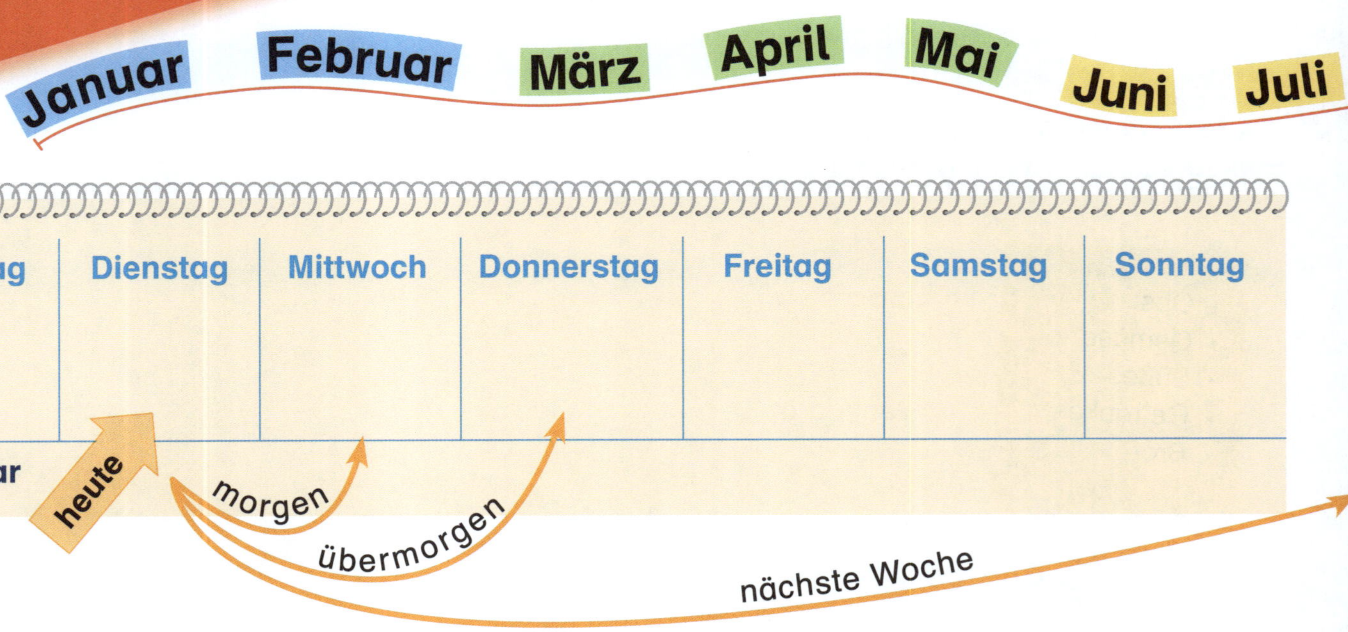

1 **Trage die richtigen Wochentage ein.**

Heute ist ______________________________.

Morgen ist ______________________________.

Übermorgen ist ______________________________.

Am Montag beginnt die nächste ____________.

2 **Trage die Termine in den Kalender oben ein.**

Heute hast du um 16 Uhr Gitarre.
Morgen hat Hassan um 18 Uhr Handballtraining.
Übermorgen haben Esra und Aylem einen Zahnarzttermin.
Am Samstag seid ihr alle bei Klaus zum Geburtstag eingeladen.

3 **Wann habt ihr Zeit, gemeinsam ein Geschenk für Klaus zu kaufen? Verabredet euch. Spielt die Szene der Klasse vor. Die Sätze helfen euch.**

GeburtstagGeschenkmorgenheuteübermorgenAugusthas

August September Oktober November Dezember

4a **In welchem Monat hast du Geburtstag? Markiere ihn mit einem Farbstift.**

b **Schreibe dein Geburtsdatum auf:** ……… ……… ………

c **Nehmt einen Jahreskalender und tragt eure Geburtstage ein.**

5 **Lies die Einladung und gestalte eine eigene für deinen Geburtstag.**

Liebe Aylem,
ich lade dich herzlich zu meiner Geburtstagsparty
am Samstag, 16. Januar 2016
um 18.00 Uhr
in die Karlstr. 1, 2. Stock ein.
Ich freue mich, wenn du kommst.

Dein Klaus

6 **Fülle die Lücken.**

Ein Jahr hat ______ Monate. Ein Monat hat ______ Wochen.

Eine Woche hat ______ Tage. Ein Tag hat ______ Stunden.

Eine Stunde hat ______ Minuten. Eine Minute hat ______ Sekunden.

uJanuarKalendernächsteMonatWocheseidihrEinladung

Gemeinsam

Ein Geschenk für Klaus

1 **Finde im Wortgitter die Nomen: Buch, Karten, Kopfhörer, Schokolade und Sporttasche. Rahme sie ein, sprich sie laut und schreibe sie mit dem Artikel in dein Heft.**

P	H	G	B	U	C	H	H	C	A	F	M	K	X	L	A
V	O	S	C	H	O	K	O	L	A	D	E	E	N	Q	R
L	G	F	K	A	R	T	E	N	B	P	F	R	W	U	T
S	R	K	S	P	O	R	T	T	A	S	C	H	E	V	T
Z	E	K	O	P	F	H	Ö	R	E	R	L	T	S	W	Z

2 **Über welches Geschenk freust du dich? Suche nach dem Gegenstand im Wörterbuch und schreibe ihn mit dem bestimmten und dem unbestimmten Artikel auf.**

der/die/das	ein/eine/ein

	schenken
ich	schenke
du	schenkst
er/sie/es	schenkt
wir	schenken
ihr	schenkt
sie	schenken

GlückwunschAllesGuteSchokoladeBuchmögenKopfhöre

3a **Aylem besucht Klaus. Bringe die Bilder in die richtige Reihenfolge und nummeriere sie.**

b **Welche der folgenden Sätze passen zu welchem Bild? Nummeriere sie. Die Farben helfen dir.**

- [ ] Entschuldigung!
- [ ] Hier entlang!
- [ ] Ja! Was gibt es denn zu essen?
- [ ] Herzlichen Glückwunsch zum Geburtstag!
- [ ] Kuchen mag ich gerne!
- [ ] Tschüs, danke für die Einladung!
- [ ] Wo ist die Karlstraße?
- [ ] Hast du Hunger?
- [ ] Es gibt Geburtstagskuchen.
- [ ] Hallo, ich bin es, Aylem!
- [ ] Wer ist da?
- [ ] Hallo, komm rein!

c **Schreibe den Text in der richtigen Reihenfolge in dein Heft.**

d **Spielt die Szene.**

Quer durch Deutschland

Erkennst du das Bauwerk?
Wenn du nicht sicher bist, schau auf Seite 75 nach.

Das ist ein ______________________________.

Es steht in ______________________________.

Die Stadt hat ____________________ Einwohner.

Die Stadt gehört zum Bundesland

____.

SchokoladeKartenschenkenHungerwoEntschuldigung

Teste dich!

1 Schreibe die folgenden Wörter mit dem Artikel auf:

Sessel

Fernseher

Wohnzimmer

Teppich

Schrank

Bad

Lampe

Schlafzimmer

Küche

____

____

____

2 Ergänze die Lücken.

__________ ist ______ der Küche. Mutter liegt ________ Wohnzimmer ________ dem Sofa.

Sie liest ________ Buch. Mustafa ________ Hassan ________ auch ______________________.

3 Bilde aus den folgenden Bausteinen richtige Sätze:

die Flasche | bitte | ich | haben | kann — Kann ______________________________?

lecker | das Essen | schmeckt — Das ______________________________.

ich | Kuchen | gerne | esse | und | Pizza | Eis ______________________________

____.

4 Konjugiere die Verben *essen* und *mögen*.

	ich	du	er/sie/es	wir	ihr	sie
essen						
mögen						

Wichtige Wörter

die Familie
die Familien

die Mutter
die Mütter

der Vater
die Väter

die Schwester
die Schwestern

der Bruder
die Brüder

die Oma
die Omas

der Opa
die Opas

die Einladung
die Einladungen

der Geburtstag
die Geburtstage

das Geschenk
die Geschenke

das Frühstück

das Mittagessen

die Kaffeepause

das Abendessen

die Banane
die Bananen

die Butter

das Ei
die Eier

das Fleisch

das Hähnchen

die Kartoffel
die Kartoffeln

der Käse

der Kuchen

die Nudel
die Nudeln

die Orange
die Orangen

die Paprika

der Reis

der Salat
die Salate

die Tomate
die Tomaten

das Getränk
die Getränke

der Apfelsaft

der Orangensaft

die Milch

der Kalender

das Jahr
die Jahre

der Monat
die Monate

der Tag
die Tage

die Stunde
die Stunden

die Minute
die Minuten

die Wohnung
die Wohnungen

das Zimmer
die Zimmer

das Schlafzimmer

das Bett
die Betten

der Schrank
die Schränke

das Wohnzimmer

der Sessel
die Sessel

das Sofa
die Sofas

der Fernseher
die Fernseher

die Lampe
die Lampen

die Küche
die Küchen

der Kühlschrank
die Kühlschränke

der Herd
die Herde

die Gabel
die Gabeln

der Löffel
die Löffel

das Messer
die Messer

das Glas
die Gläser

das Bad
die Bäder

das Waschbecken
die Waschbecken

die Badewanne
die Badewannen

die Dusche
die Duschen

die Toilette
die Toiletten

ausruhen
einladen
essen
freuen
geben
kosten
liegen
machen
mögen
müssen
schenken
schmecken
sollen
trinken

Guten Appetit!
Alles Gute!
Herzlichen
Glückwunsch!

auf
im

Wir

1 **Lies den folgenden Text:**

Esra ist eine Freundin von Ayshe.
Murat ist ein Freund von Ahmet.
Ahmet und Finn sind Freunde von Esra.

Bilde mit den Namen weitere Beispielsätze.

____

____

____

2 **Knüpfe mit Hilfe der Anleitung ein Freundschaftsband.**
Schreibe die Farben auf, die du für dein Freundschaftsband verwendet hast.

_______ _______ _______ _______ _______ _______ _______ _______

blau rot grün lila gelb orange schwarz rosa braun weiß grau

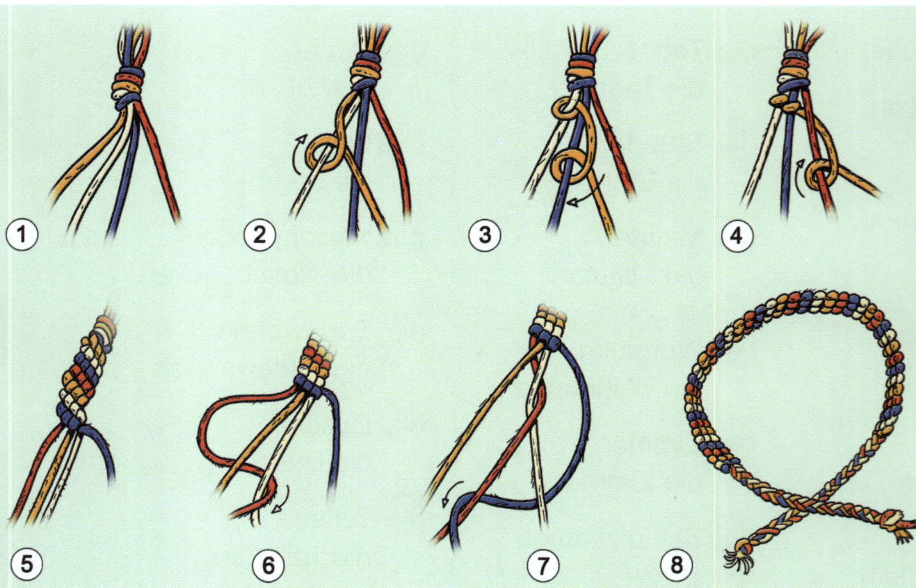

lilagelbFreundewannwaswiewohinblaugrünkommenessen

3 Fülle die Lücken.

Das bin ich

Ich heiße __________. Ich bin ____ Jahre alt.

Ich komme aus __________.

Ich mag __________.

Ich esse gerne __________.

Ich kann gut __________.

Ich habe am __________ Geburtstag.

Meine Lieblingsfarbe ist __________.

Mein bester Freund/Meine beste Freundin heißt __________.

Ich gehe gerne __________.

Das ist mir wichtig: __________

____

4 Stelle deinem Partner/deiner Partnerin folgende Fragen. Er/Sie antwortet dir.

- Wie heißt du?
- Wie alt bist du?
- Woher kommst du?
- Was magst du?
- Was isst du gerne?
- Was kannst du gut?
- Wann hast du Geburtstag?
- Was ist deine Lieblingsfarbe?
- Wie heißt dein bester Freund/deine beste Freundin?
- Wohin gehst du gerne?
- Was ist dir wichtig?

5 Schreibe die Antworten deines Partners oder deiner Partnerin in dein Heft.

Das ist …
Er/Sie ist …
Er/Sie kommt aus …
…

ieblingsfarbewoheramrotweißFreundewannwaswiewohin

Wir

1 Schlage in deinem Wörterbuch nach.
Suche nach dem Artikel des Nomens und schreibe ihn auf.

 ______________ T-Shirt
 ______________ Sweatshirt
 ______________ Socken

 ______________ Hose
 ______________ Badeanzug
 ______________ Sportschuhe

 ______________ Rock
 ______________ Jacke
 ______________ Bluse

 ______________ Schuhe
 ______________ Mütze
 ______________ Pullover

2 Die Freunde gehen einkaufen. Lies laut und ergänze die Sätze. Schreibe auch die Farbe auf.

  Aylem sucht einen ______________________________ und eine ______________________.

  Hassan nimmt ____ und

____.

   Esra wählt einen ______________________________, eine ________________

_______________ und eine ______________________________.

  Murat kauft ____ und

____.

3 Was kaufst du? – Bilde mit den Kleidungsstücken, die Aylem, Hassan, Esra und Murat nicht aussuchen, Sätze und schreibe sie in dein Heft.

HoseSchuheJackeT-ShirtMützesuperBasketballSchwimme

**4 Schau dir die Sportarten rechts an.
Sprecht darüber und verwendet die folgenden Redemittel:**

Ich kann …	Ich mag …
sehr gut …	sehr gern …
gut …	gern …
nicht so gut …	nicht so gern …
schlecht …	nicht …
nicht …	gar nicht …

Tennis

Schwimmen

Fußball

Handball

Tanzen

Basketball

Joggen

Rudern

5 Fülle die Lücken mit einem passenden Verb.

 Mario rudert gerne.

 Aylem und Esra ______________ gerne.

 Ben ______________ gerne.

 Esra ______________ gerne.

 Mario und Hanna ______________ gerne.

schwimmen | tanzt | laufen | läuft | tanzen | schwimmt

6 Ergänze die Sätze.

Ich gehe zum Schwimmen. Ich brauche ______________________________.

Du gehst zum Joggen. Du brauchst ______________________________.

Esra spielt Basketball. Sie braucht ______________________________.

Aylem und Hassan spielen ______________________. Sie brauchen einen Ball.

7 Welche Sportarten kennst du noch? Schreibe sie auf.

____

andballFußballtanzenlaufenwähleneinkaufenaussehen

Wir

1 Übersetze.

Hört auf! ______________________

Lass das! ______________________

Was soll das? ______________________

Ich möchte das nicht! ______________________

Lass mich in Ruhe! ______________________

Tut mir leid! ______________________

Entschuldigung! ______________________

Das wollte ich nicht! ______________________

Du hast ja recht! ______________________

In Ordnung! ______________________

2 Lies und ergänze die Dialoge mit Bausteinen aus Aufgabe 1. Sprich die Sätze nach.

- Hassan nimmt das Handy von Arnit und schaut sich ihre Fotos an.

  Arnit ruft: „______________________?“

  Hassan sagt: „______________________!“

- Mustafa wühlt in der Tasche von Esra.

  Samira schreit: „______________________!“

  Mustafa lacht: „______________________!“

- Ben trinkt den Kaffee von Esra.

  Esra brüllt: „______________________!“

  Ben erwidert: „______________________.“

Wortfeld *sagen*

sprechen
antworten
rufen
schreien
erwidern
entgegnen
flüstern
heulen
brüllen
…

RuheEntschuldigungschreienantwortenrufenlachencoo

3a Lies die folgenden Adjektive und ergänze das richtige Emoticon:

verliebt
wütend
cool
unglücklich
entsetzt
ärgerlich
glücklich
erschrocken
traurig
erstaunt

b Welches Wort passt nicht? Streiche es durch.

glücklich	verliebt	entsetzt
ärgerlich	wütend	cool
erschrocken	entsetzt	erstaunt
traurig	unglücklich	cool

4a Fülle die Lücken mit dem richtigen Adjektiv.

Kevin ist ☺ ☹ traurig. Sein Handy ist kaputt.

Esra ist ☺ ☹ glücklich. Ihre Mutter hat heute Geburtstag.

Finn ist ☺ ☹ entsetzt / erschrocken. Seine Gitarre ist weg.

Paula ist ☺ ☹ wütend. Ihr Hund frisst den Geburtstagskuchen.

b Ergänze die Lücken und bilde mit den Bausteinen einen Satz. Unterstreiche im *weil*-Satz das Verb.

Kevin ist traurig, weil …

Esra ist glücklich, weil …

Finn ist erstaunt, weil …

Paula ist wütend, weil …

ihre Mutter heute Geburtstag hat.

seine Gitarre weg ist.

ihr Hund den Geburtstagskuchen frisst.

sein Handy kaputt ist.

Ich bin müde, weil ich wenig geschlafen habe.

ntsetztglücklichverliebttraurigunglücklichärgerlichwütend

Wir

1 **Markiere das Wort, das nicht in die Reihe passt. Die markierten Wörter ergeben den Lösungssatz.**

Apfel	Brot	Wir	Karotten	Fleisch
sagen	rufen	schreien	kochen	flüstern
Handball	Tennis	Fußball	heute	Schwimmen
Dezember	Oktober	Mittag	Juli	März
Tee	Limonade	Milch	Spagetti	Wasser

Schreibe den Lösungssatz auf:

Wir kochen heute Mittag Spaghetti.

2 **Ergänze die Reihen.**

vier	acht			
Montag	Dienstag			
grün	gelb			
Hose	T-Shirt			
Schrank	Bett			

3 **Im Gitterrätsel haben sich 13 Zeitangaben versteckt. Markiere sie farbig.**

B	R	V	M	O	R	G	E	N	T	V	B	D	L	T	E	P
L	M	A	T	S	X	Q	V	M	I	N	U	T	E	B	K	F
G	L	S	M	I	T	T	A	G	D	R	M	D	S	V	P	T
A	D	R	U	T	I	K	D	M	J	A	H	R	W	S	K	A
C	G	P	S	Ü	B	E	R	M	O	R	G	E	N	F	V	B
B	O	R	H	L	C	M	Z	L	P	T	F	T	A	G	W	F
W	V	M	O	G	L	S	A	H	E	U	T	E	M	N	O	L
D	P	L	B	V	W	Q	M	O	N	A	T	D	W	R	W	X
C	R	J	L	M	P	X	Z	G	A	B	E	N	D	N	R	X
O	G	W	O	C	H	E	T	H	S	M	P	U	T	V	R	X
S	B	U	W	R	G	S	E	K	U	N	D	E	T	S	M	O
M	B	R	N	A	C	H	T	E	O	V	D	I	T	V	G	B
T	G	X	M	P	O	R	S	T	U	N	D	E	H	F	L	D

StundeElefantLöweWocheTigerGiraffeNachtPinguinMon

**4 Finde die Tiernamen in deinem Wörterbuch.
Schreibe sie mit dem Artikel auf.**

**5 Wo fühlen sich die Tiere wohl?
Bilde mit den Tiernamen aus Aufgabe 4 und den Präpositionen Sätze.
Schreibe sie in dein Heft und sprich dazu.**

neben der Höhle

im Wasser

unter dem Busch

über den Wolken

auf dem Baum

hinter dem Felsen

Präpositionen
auf
hinter
im
neben
über
unter

Wo ist der Affe? Der Affe ist gern auf dem Baum.

WalWasserAffeNilpferdHöhlePinguinnebenTiger

Wir

1 **Gestalte auf dieser Doppelseite deine Ich-Collage.**
Du kannst zeichnen, schreiben und aufkleben, was dir wichtig ist.

Sport

Familie

Freunde

Musik

Bücher

Film

Autos

Mode

Stars und Idole

Essen

2 **Stelle in einem Steckbrief deine Stadt oder deinen Wohnort vor.**

Meine Stadt / Mein Wohnort

Teste dich!

1 Schreibe die folgenden Wörter mit dem Artikel und der Pluralform auf:

Hose

Bluse

Jacke

Sweatshirt

T-Shirt

Rock

Badeanzug

Mütze

Pullover

____

____

____

2 Ordne die Bilder rechts den Sätzen zu und ergänze die Lücken.

Die Freunde gehen in die ______________________________.

Sie spielen ______________________________.

Mustafa versteckt Esras ______________________________.

3 Konjugiere die Verben *sagen* und *schreien*.

	ich	du	er/sie/es	wir	ihr	sie
sagen						
schreien						

4 Setze die richtige Präposition ein.

Der Tiger liegt ______________ dem Baum.

Der Adler fliegt ______________ den Wolken.

Das Nilpferd ist ______________ Wasser.

Der Affe ist ______________ dem Baum.

Der Löwe liegt ______________ dem Felsen.

Die Schlange ist ______________ dem Busch.

Wichtige Wörter

die Farbe
die Farben

blau

braun

gelb

grau

grün

lila

orange

rot

schwarz

weiß

der Basketball

der Fußball

der Handball

das Tennis

der Affe
die Affen

der Elefant
die Elefanten

die Giraffe
die Giraffen

das Krokodil
die Krokodile

der Löwe
die Löwen

das Nashorn
die Nashörner

der Tiger
die Tiger

antworten

brüllen

einkaufen

entgegnen

flüstern

heulen

joggen

kaufen

lachen

laufen

rudern

rufen

sagen

schreien

schwimmen

spielen

sprechen

tanzen

ärgerlich

entsetzt

erschrocken

glücklich

kaputt

traurig

wichtig

wütend

Entschuldigung

Es tut mir leid!

gern/gerne

Hört auf!

in Ordnung

in Ruhe lassen

Lasst das!

Angekommen

Sonne

Regen

Nebel

Wind

Hagel

Blitz

Wolke

Schnee

1 **Verbinde jedes Wort mit dem zugehörigen Symbol in der Wetterkarte.**

2 **Trage das richtige Nomen mit dem Artikel ein. Wie ist das Wetter? Schreibe auf.**

 die Sonne ______ Es ist sonnig. ______

 ______ ______

 ______ ______

 ______ ______

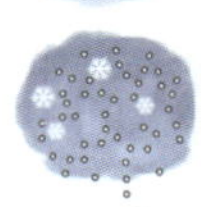 ______ ______

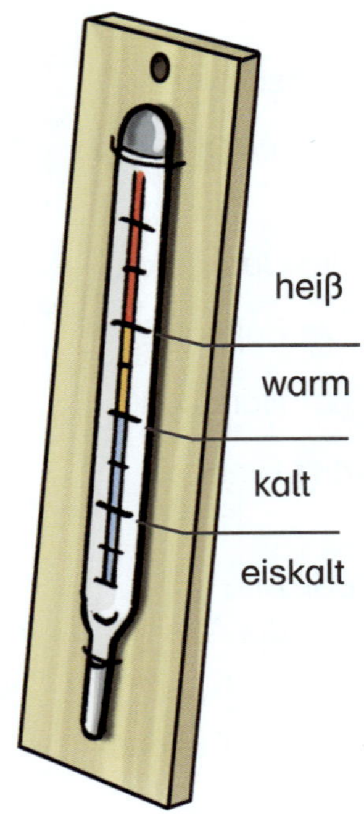

3 **Lies die Wettervorhersage.**
Schreibe für Donnerstag und Freitag eine Vorhersage in dein Heft.

Frankfurt am Main, Hessen

	Donnerstag	Freitag	Samstag	Sonntag
Tag	**6°**	**4°**	**8°**	**10°**
Nacht	**4°**	**–2°**	**5°**	**6°**

Am Donnerstag ist es am Tag bewölkt. Es hat 6°. Am Donnerstag ist es auch in der Nacht bewölkt. Es hat 4°.

Am Freitag …

Am …

HagelSturmBlitzDonnerWolkenNebelSchneeNieselrege

**4 Lies den folgenden Text laut.
Unterstreiche die Wörter, die das Wetter beschreiben.**

Es ist Dienstag. Heute ist ein wechselhafter Tag.

Zuerst scheint die Sonne. Es ist warm.

Später am Vormittag regnet es. Viele Wolken sind am Himmel. Es ist ganz grau. Draußen ist es kalt und dunkel.

Dann schneit es. Es ist sehr windig und eiskalt, aber schön.

5 Ordne die Beschreibung des Wetters richtig in die Tabelle ein.

ein blauer Himmel

ein kalter Tag

ein sonniger Tag

ein grauer Himmel

ein warmer Tag

ein windiger Tag

6 Was ist gemeint? Trage das Nomen und den Artikel ein.

Sie ist gelb, heiß und groß. Es ist die ______________________.

Er ist weiß und immer kalt. Es ist der ______________________.

Er ist nass und meistens kalt. Es ist der ____________________.

**7 Wie ist das Wetter?
Suche einen aktuellen Wetterbericht für deine Region und ergänze die Sätze.**

Heute ____.

Morgen ____.

Übermorgen _______________________________________.

Nächste Woche _____________________________________.

8 Wie ist das Wetter in deinem Herkunftsland? Schreibe einen eigenen Text in dein Heft.

ropfensonnigwolkigbewölktwindigheißkalteiskaltgrauwarm

Angekommen

FRÜHLING

1 **Ordne die Nomen der Pflanze und dem Baum richtig zu.**

der Zweig

die Blüte

die Knospe

die Blätter

die Wurzel

der Stamm

der Stängel

die Rinde

das Blatt

der Ast

SOMMER

2 **Ordne Früchte und Getreide dem richtigen Bild zu. Nimm dein Wörterbuch zu Hilfe.**

Brombeere
Erdbeere
Heidelbeere
Himbeere
Kirsche
Pilz
~~Gerste~~
Hafer
Raps
Weizen

Gerste

HimbeereRapsWeizenPilzHeidelbeereKirscheStammWurze

HERBST

3 **Koche eine Kürbissuppe und kaufe dafür ein.**

Zubereitung:
- Kürbis waschen und Kerne entfernen
- Zwiebel, Ingwer und Kartoffel schälen
- Alles in kleine Stücke schneiden
- Olivenöl im Topf erhitzen
- Alles kurz andünsten
- Gemüsebrühe dazugeben
- 30 Minuten köcheln lassen
- Pürieren und mit Gewürzen abschmecken

Guten Appetit!

Zutaten
1 Hokkaidokürbis
1 kleine Zwiebel
1 kleines Stück Ingwer
500 ml Gemüsebrühe
1 Kartoffel
Salz
Pfeffer
Currypulver
Olivenöl

WINTER

4 **Fülle die Anmeldung aus.**

Wintersporttag

am 17. Februar 2016 von 10 bis 16 Uhr.
Möchtest du mit?
Gib deine Anmeldung bis zum 12. Februar 2016 bei deiner Lehrerin ab.

- **Skifahren**
- **Langlaufen**
- **Schlittenfahren**
- **Eislaufen**
- **Schneeschuhwandern**

Anmeldung zum Wintersporttag

Name: ______________________________

Klasse: __________

Ich fahre am 17. Februar 2016 mit zum Wintersporttag.

Ich möchte ___________________________

____

Ich kann

☐ nicht gut ________________________.

☐ gut ____________________________.

☐ sehr gut _________________________.

…stBlattZweigBlüteBaumÖlKürbisGewürzSkifahren

Angekommen

1 Lies das Gedicht laut. Verbinde die unterstrichenen Wörter mit dem richtigen Bild.

Sigrid Heuck

Wolkenkind

Einst liebte der Wind
ein Wolkenkind …
Weiß, duftig und zart,
nach Wolkenart,
zog es über den Himmel geschwind.
„Komm mit mir auf die große Reise!
Ich zeig dir die Welt auf meine Weise!“,
lockte der Wind
das Wolkenkind.

„Ich zeige dir Wälder,
Wiesen und Felder,
grüne Steppen mit wilden Pferden,
Rinderherden,
Wolkenkratzer und einsame Wüsten,
hohe Berge und steile Küsten.
Ich zeige dir Schiffe,
Korallenriffe
und bringe dich, ganz ohne Geld,
rund um die Welt.“ …

www.seelenfarben.de/derwochegedicht/
derwochegedicht20021124.htm [01.02.2016]

2 Drückt die Stimmung des Gedichts aus und sucht nach einer geeigneten Musik. Ihr könnt wahlweise das Gedicht auch mit Geräuschen untermalen.

WaldWälderBaumBäumePferdPferdeSchiffSchiffeBergBerg

**3 Wohin wollt ihr fahren und was wollt ihr dort machen? –
Schreibe weitere Beispiele auf.**

Beispiel: Wir wollen in die Berge fahren. Wir wollen zum Wandern gehen.

in die Berge — zum Bergsteigen, zum Skifahren

an den See — zum Schwimmen, zum Angeln

an das Meer — zum Surfen, zum Tauchen

in den Wald — zum Spazierengehen, zum Pilzesammeln

**4 Auf Ansichtskarten findest du folgende Redewendungen.
Markiere Gegensätze in derselben Farbe.**

Es geht mir gut.

Das Essen schmeckt mir nicht.

Die Ferien sind super!

Es geht mir nicht gut.

Die Ferien sind so langweilig.

Das Essen schmeckt mir.

Das Wetter ist so schlecht.

Das Wetter ist toll.

**5 Stelle dir vor, du bist in den Ferien. An wen möchtest du schreiben?
Schreibe, wo du bist und wie es dir dort geht. Verwende auch die Redemittel aus Aufgabe 4.**

Hallo,

Tschüs

eeSeenwandernschwimmentauchenPilzesammeln

Angekommen

1 **Ergänze bei den Nomen den Artikel. Das Wörterbuch hilft dir dabei.**

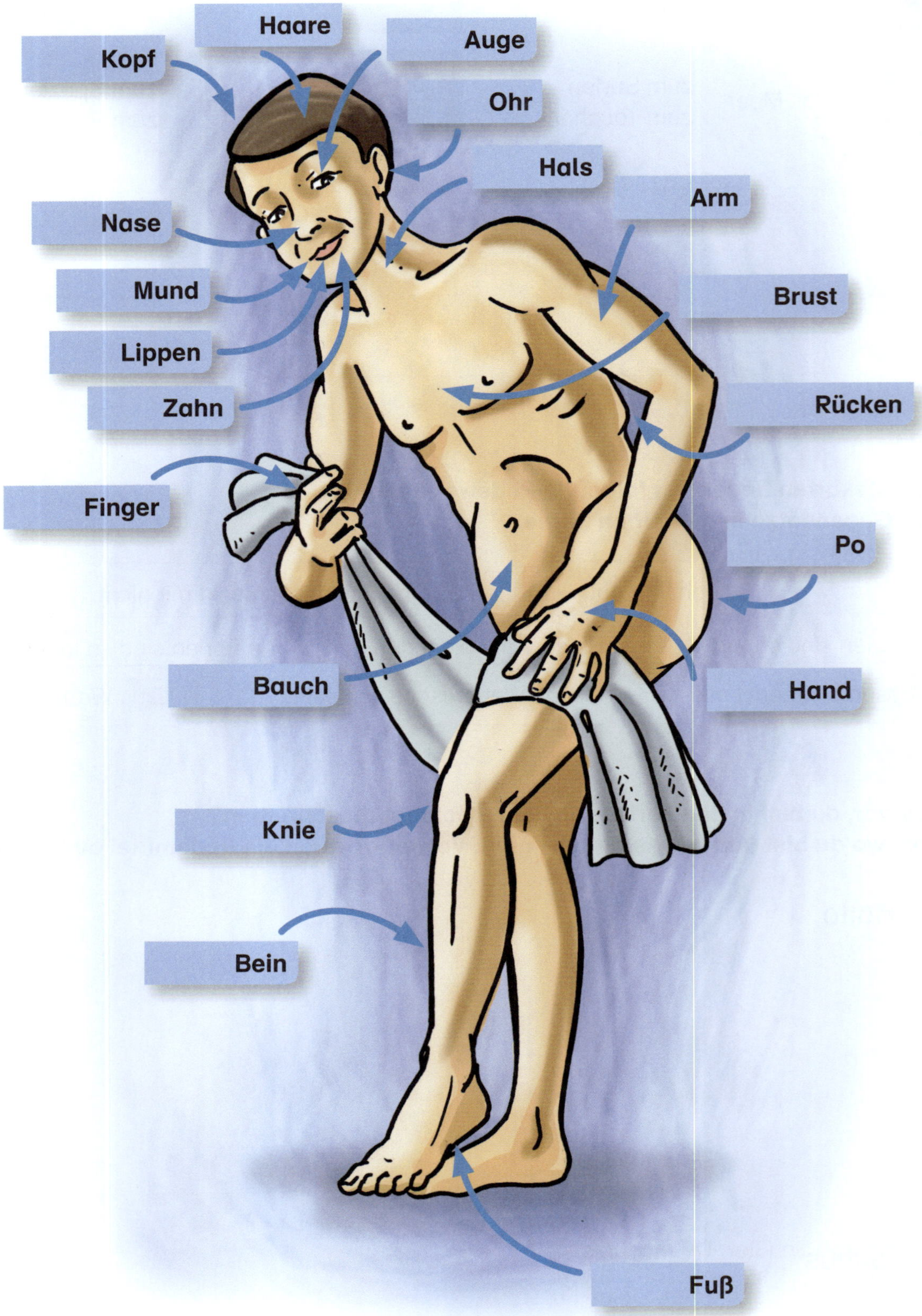

KopfKöpfeHaarHaareAugeAugenOhrOhrenZahnZähneAr

2 Ergänze die Sätze.

Bauch — Ich habe Bauchschmerzen. Mir tut mein Bauch weh.
Du hast Bauchschmerzen. Dir tut dein Bauch weh.

Er hat Bauchschmerzen. Ihm tut ______________________.

Sie hat Bauchschmerzen. Ihr tut ______________________.

Kopf — Ich habe ______________. Mir ______________________.

Du ______________. Dir ______________________.

Ohren — Ich ______________. Mir ______________________.

Er ______________. Ihm ______________________.

Zahn — Ich ______________. Mir ______________________.

Sie ______________. Ihr ______________________.

3 Spielt einen kleinen Dialog zu den beiden Szenen. Benutzt die Formulierungen aus den Sprechblasen.

(a) Lehrerin und Schüler: Du möchtest aus der Schule nach Hause gehen. Du fühlst dich krank.

(b) Schüler/-in und Schüler/-in: Deine Freundin/Dein Freund hat Kopfschmerzen. Du fragst nach.

rmeHandHändeBeinBeineFußFüßeHalskrankFieberschlecht

Teste dich!

1 Schreibe die folgenden Wörter mit dem Artikel auf:

Regen

Wolke

Tropfen

Sonne

Schnee

Nebel

Wind

Himmel

Blitz

____

____

____

2 Vervollständige die Sätze. Verwende Personal- und Possessivpronomen.

Ich ____________ Halsschmerzen. ____________ tut ____________ Hals weh.

Du ____________ Kopfschmerzen. ____________ tut ____________ Kopf weh.

____________ hat Bauchschmerzen. ____________ tut ____________ Bauch weh.

3 Konjugiere die Verben *schwimmen* und *sammeln*.

	ich	du	er/sie/es	wir	ihr	sie
schwimmen						
sammeln						

4 Wie wird das Wetter am Wochenende? Schreibe einen kurzen Wetterbericht.

Stuttgart, Baden-Württemberg

	Samstag	Sonntag
Tag	22°	26°
Nacht	16°	18°

____

____

____

____

Wichtige Wörter

der Arm
die Arme

das Auge
die Augen

der Bauch

das Bein
die Beine

der Finger
die Finger

der Fuß
die Füße

das Haar
die Haare

der Hals

die Hand
die Hände

das Knie
die Knie

der Kopf
die Köpfe

die Lippen

der Mund

die Nase
die Nasen

das Ohr
die Ohren

der Rücken

der Zahn
die Zähne

das Fieber

der Schmerz
die Schmerzen

die Bauchschmerzen

die Halsschmerzen

die Kopfschmerzen

die Medizin

der Ast
die Äste

das Blatt
die Blätter

die Blume
die Blumen

das Feld
die Felder

der Wald
die Wälder

der Zweig
die Zweige

die Brombeere
die Brombeeren

die Erdbeere
die Erdbeeren

der Hafer

die Heidelbeere
die Heidelbeeren

die Himbeere
die Himbeeren

die Kartoffel
die Kartoffeln

die Kirsche
die Kirschen

der Kürbis
die Kürbisse

der Pilz
die Pilze

der Weizen

die Zwiebel
die Zwiebeln

der Blitz
die Blitze

der Donner

der Nebel

der Regen

der Schnee

der Wind

die Wolke
die Wolken

dunkel

grau

heiß

hoch

kalt

krank

müde

schlecht

sonnig

warm

wechselhaft

windig

wolkig

bringen

regnen

scheinen

schneien

zeigen

draußen

Angekommen

1 Informiere dich im Internet oder in einem Atlas und trage ein:

- die Namen der 16 Bundesländer und der Landeshauptstädte,
- die Nachbarländer Deutschlands und ihre Sprachen.

Hamburg

Bremen

Niedersachsen

Nordrhein-Westfalen

Hessen

Rheinland-Pfalz

Saarland

Baden-Württemberg

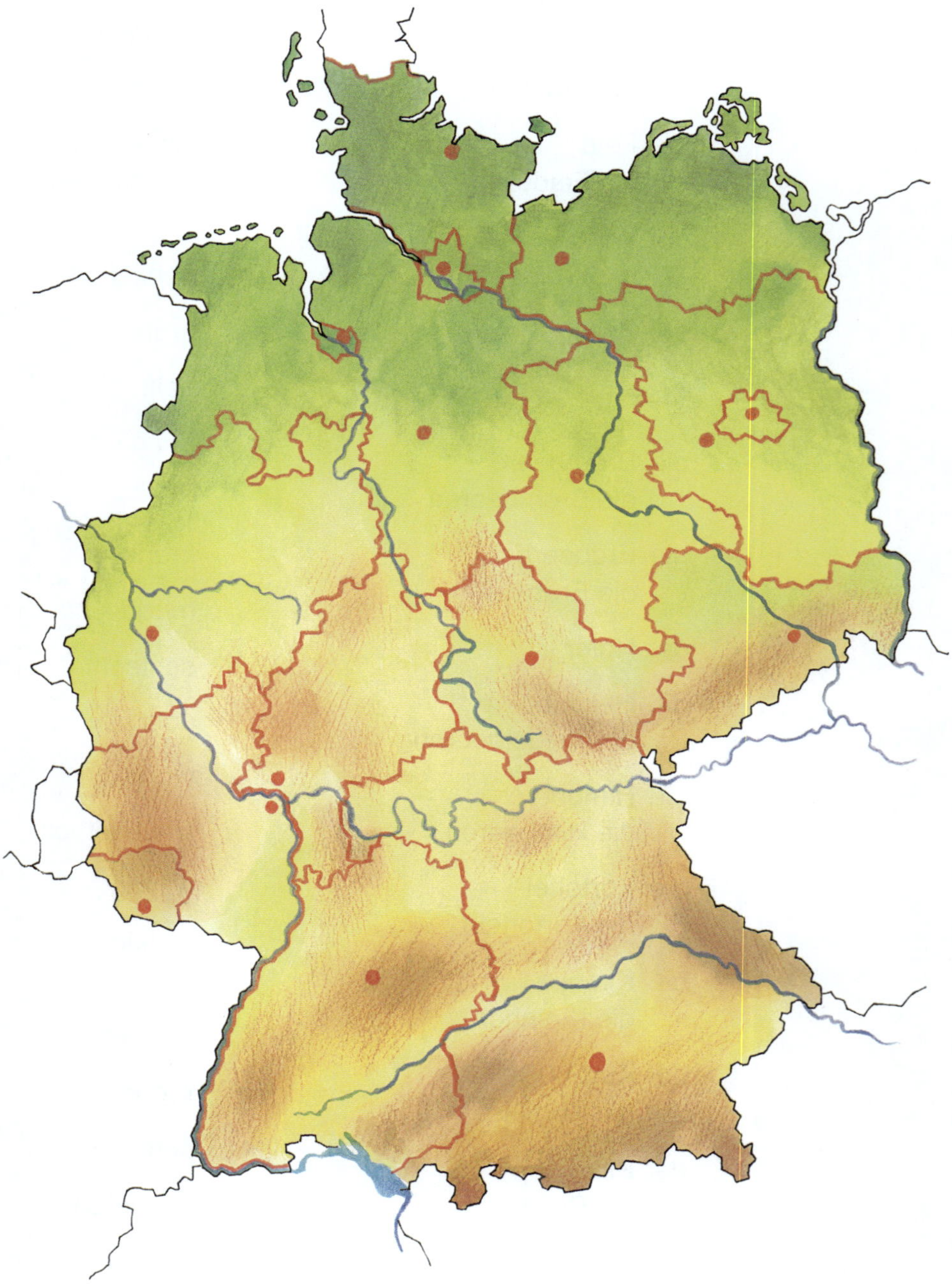

Schleswig-Holstein

Mecklenburg-Vorpommern

Berlin

Brandenburg

Sachsen-Anhalt

Thüringen

Sachsen

Bayern

Rheinland-PfalzBerlinThüringenBremenNordrhein-Westfale

Brandenburger Tor

Frankfurt am Main

Dresden Frauenkirche

Hamburger Hafen

Heidelberger Schloss

Kölner Dom

Schloss Neuschwanstein

Baden-WürttembergSaarlandHamburgHessenBayernSachsen

Wörterliste

A

der Abend, die Abende
das Abendessen, die Abendessen
abends
abschmecken
der Adler, die Adler
die Adresse, die Adressen
der Affe, die Affen
alles
Alles Gute!
alt
am
an
andünsten
angeln, das Angeln
die Anmeldung, die Anmeldungen
anschauen
antworten
anziehen
der Apfel, die Äpfel
der Apfelsaft, die Apfelsäfte
der Appetit
der April
ärgerlich
der Arm, die Arme
der Arzt, die Ärzte
die Ärztin, die Ärztinnen
der Ast, die Äste
auch
auf
Auf Wiedersehen!
aufschlagen
das Auge, die Augen
der August
aus
der Ausgang, die Ausgänge
ausruhen
aussehen
das Auto, die Autos

B

der Backofen, die Backöfen
das Bad, die Bäder
der Badeanzug, die Badeanzüge
Baden-Württemberg
die Badewanne, die Badewannen
die Banane, die Bananen
der Basketball
der Bauch, die Bäuche
die Bauchschmerzen
der Baum, die Bäume
Bayern
das Bein, die Beine
Belgien
beliebt
der Berg, die Berge
das Bergsteigen
Berlin
das Bett, die Betten
bewölkt
die Biologie
die Birne, die Birnen
Bis bald!
bitte
das Blatt, die Blätter
blau
der Blitz, die Blitze
die Bluse, die Blusen
die Blüte, die Blüten
Brandenburg
das Brandenburger Tor
brauchen
braun
Bremen
die Brezel, die Brezeln
bringen
die Brombeere, die Brombeeren
das Brot, die Brote
das Brötchen, die Brötchen
der Bruder, die Brüder
brüllen
die Brust, die Brüste
das Buch, die Bücher
die Buchhandlung, die Buchhandlungen
das Bundesland, die Bundesländer
die Bürste, die Bürsten
der Bus, die Busse
der Busch, die Büsche
die Bushaltestelle, die Bushaltestellen
die Butter

C

der Comic, die Comics
der Computer, die Computer
cool
die Creme
das Currypulver

D

da
Dänemark
dänisch
danke
das
dazugeben
die Decke, die Decken
dein, deine
denken
denn
der
deutsch
Deutschland
der Dezember
die
der Dienstag
dir
der Dom, die Dome
der Döner
der Donner
der Donnerstag
draußen
du
dunkel
dürfen
die Dusche, die Duschen
duschen

E

ehrgeizig
das Ei, die Eier
ein, eine
der Eingang, die Eingänge
einkaufen
das Einkaufszentrum, die Einkaufszentren
einladen
einsam
der Einwohner, die Einwohner
das Eis
eiskalt
das Eislaufen
der Elefant, die Elefanten
entfernen
entgegnen
entlang
Entschuldigung!

entsetzt
er
die Erbse, die Erbsen
die Erdbeere, die Erdbeeren
die Erdkunde
erhitzen
erschrocken
erstaunt
erwidern
es
essen, das Essen
etwas
der Euro, die Euros

F

fahren
das Fahrrad, die Fahrräder
die Familie, die Familien
die Farbe, die Farben
der Februar
fehlen
das Feld, die Felder
der Fels(en), die Felsen
das Fenster, die Fenster
die Ferien
der Fernseher, die Fernseher
das Fieber
der Film, die Filme
finden
der Finger, die Finger
die Flasche, die Flaschen
das Fleisch
flüstern
das Foto, die Fotos
fragen
Frankfurt
Frankreich
französisch
die Frau, die Frauen
frei
der Freitag
sich freuen
der Freund, die Freunde
die Freundin, die Freundinnen
frühstücken
(sich) fühlen
der Füller, die Füller
der Fuß, die Füße
der Fußball, die Fußbälle
der Fußballplatz, die Fußballplätze

G

die Gabel, die Gabeln
geben
der Geburtstag, die Geburtstage
der Geburtstagskuchen
die Geburtstagsparty
gehen
gehören
gelb
gemeinsam
das Gemüse
die Gemüsebrühe
geradeaus
gern, gerne
die Gerste
das Geschenk, die Geschenke
die Geschichte, die Geschichten
das Getränk, die Getränke
das Gewürz, die Gewürze
die Giraffe, die Giraffen
das Glas, die Gläser
glücklich
der Glückwunsch, die Glückwünsche
der Grad, die Grade
grau
die Größe, die Größen
grün
die Gurke, die Gurken
gut
Gute Nacht!
Guten Abend!
Guten Appetit!
Guten Morgen!
Guten Tag!

H

das Haar, die Haare
haben
ich habe, du hast, er/sie/es hat, wir haben, ihr habt, sie haben
der Hafen, die Häfen
der Hafer
der Hagel
das Hähnchen, die Hähnchen
Hallo!
der Hals, die Hälse
Hamburg
die Hand, die Hände
der Handball
das Handballtraining
das Handtuch, die Handtücher
das Handy, die Handys
das Haus, die Häuser
das Heft, die Hefte
die Heidelbeere, die Heidelbeeren
Heidelberg
heiß
heißen
helfen
hell
der Herd, die Herde
hereinkommen
das Herz, die Herzen
herzlich
Herzlichen Glückwunsch!
Hessen
heulen
heute
hier
die Himbeere, die Himbeeren
der Himmel
hinein
hinter
hoch
die Höhle, die Höhlen
der Honig
Hört auf!
die Hose, die Hosen
der Hunger

I

ich
die Idee, die Ideen
das Idol, die Idole
ihr, ihre
im
in
In Ordnung!
in Ruhe lassen
die Informatik
der Ingwer
italienisch

J

ja
die Jacke, die Jacken
das Jahr, die Jahre
der Januar
jeder, jede
jetzt

joggen
der Joghurt, die Joghurts
der Juli
der Juni

K

der Kaffee
die Kaffeemaschine, die Kaffeemaschinen
der Kalender, die Kalender
kalt
der Kamm, die Kämme
kaputt
die Karotte, die Karotten
die Karte, die Karten
die Kartoffel, die Kartoffeln
der Käse
kaufen
kennen
der Kern, die Kerne
die Kerze, die Kerzen
der Kiosk, die Kioske
die Kirsche, die Kirschen
das Kissen, die Kissen
klar
die Klasse, die Klassen
das Klassenzimmer, die Klassenzimmer
das Knie, die Knie
die Knospe, die Knospen
köcheln
kochen
Köln
kommen
die Kommode, die Kommoden
können
der Kopf, die Köpfe
der Kopfhörer, die Kopfhörer
die Kopfschmerzen
das Korallenriff, die Korallenriffe
kosten
krank
das Krokodil, die Krokodile
die Küche, die Küchen
der Kuchen, die Kuchen
der Kühlschrank, die Kühlschränke
die Kunst, die Künste
der Kürbis, die Kürbisse
die Küste, die Küsten

L

lachen
die Lampe, die Lampen
die Landeshauptstadt, die Landeshauptstädte
das Langlaufen
Lass das!
lassen
laufen, das Laufen
lecker
der Lehrer, die Lehrer
die Lehrerin, die Lehrerinnen
leidtun
leider
leise
lernen
lesen
lieben
die Lieblingsfarbe
liegen
lila
die Limonade, die Limonaden
das Lineal, die Lineale
links
die Lippe, die Lippen
der Löffel, die Löffel
der Löwe, die Löwen
Luxemburg
luxemburgisch

M

machen
der Mai
der Mais
malen
die Mandarine, die Mandarinen
das Mäppchen, die Mäppchen
die Marmelade, die Marmeladen
der März
die Mathematik, Mathe
Mecklenburg-Vorpommern
das Meer, die Meere
mein, meine
die Melone, die Melonen
das Messer, die Messer
die Milch
die Million, die Millionen
die Minute, die Minuten
mir
mit
mitkommen
der Mittag, die Mittage
das Mittagessen, die Mittagessen
mittags
der Mittwoch
das Mobiltelefon, die Mobiltelefone
die Mode, die Moden
das Modegeschäft, die Modegeschäfte
das Mofa, die Mofas
mögen
die Möhre, die Möhren
der Montag
der Morgen
morgen
morgens
das Motorrad, die Motorräder
müde
der Mund, die Münder
die Musik
das Müsli
müssen
die Mutter, die Mütter
die Mütze, die Mützen

N

nach
nach Hause
das Nachbarland, die Nachbarländer
der Nachmittag, die Nachmittage
nachmittags
nächste
die Nacht, die Nächte
nachts
der Nachttisch, die Nachttische
der Name, die Namen
die Nase, die Nasen
das Nashorn, die Nashörner
der Nebel
neben
nehmen
nein
neugierig
nicht
die Niederlande
niederländisch
Niedersachsen
der Nieselregen
das Nilpferd, die Nilpferde
noch
Nordrhein-Westfalen

der November
die Nudel, die Nudeln

O

oben
das Obst
das Ohr, die Ohren
die Ohrenschmerzen
der Oktober
das Öl
das Olivenöl
die Oma, die Omas
der Opa, die Opas
orange
die Orange, die Orangen
der Orangensaft, die Orangensäfte
der Ordner, die Ordner
der Ort, die Orte
Österreich

P

der Paprika, die Paprikas
passen
die Pause, die Pausen
der Pfeffer
das Pferd, die Pferde
der Pfirsich, die Pfirsiche
der Pilz, die Pilze
das Pilzesammeln
der Pinguin, die Pinguine
die Pizza, die Pizzas/die Pizzen
die PLZ (Postleitzahl)
der Po
Polen
polnisch
die Pommes
probieren
der Pullover, die Pullover
pürieren
putzen

Q

der Quark

R

der Radiergummi,
die Radiergummis
der Raps
rechnen
recht haben
rechts
das Regal, die Regale
der Regen
regnen
regnerisch
der Reis
die Reise, die Reisen
Rheinland-Pfalz
die Rinde
die Rinderherde
das Rindfleisch
der Rock, die Röcke
der Roller, die Roller
rosa
rot
der Rücken, die Rücken
der Rucksack, die Rucksäcke
rudern
rufen
die Ruhe

S

die S-Bahn, die S-Bahnen
Saarland
Sachsen
Sachsen-Anhalt
sagen
der Salat, die Salate
das Salz
der Samstag
schälen
schauen
schenken
die Schere, die Scheren
das Schiff, die Schiffe
schlafen
das Schlafzimmer,
die Schlafzimmer
die Schlange, die Schlangen
schlecht
Schleswig-Holstein
das Schlittenfahren
das Schloss, die Schlösser
der Schlüssel, die Schlüssel
schmecken
der Schnee
das Schneeschuhwandern
schneiden
schneien
die Schokolade, die Schokoladen
der Schokoriegel, die Schokoriegel
schön
der Schrank, die Schränke
schreiben
der Schreibwarenladen,
die Schreibwarenläden
schreien
der Schuh, die Schuhe
die Schule, die Schulen
der Schulhof, die Schulhöfe
die Schulsachen
schwarz
Schweiz
die Schwester, die Schwestern
das Schwimmbad,
die Schwimmbäder
schwimmen, das Schwimmen
der See, die Seen
die Seife, die Seifen
sein
ich bin, du bist, er/sie/es ist,
wir sind, ihr seid, sie sind
sein, seine
der September
der Sessel, die Sessel
setzen
sie
singen
sitzen
das Skifahren
die Socke, die Socken
das Sofa, die Sofas
die Sonne
sonnig
der Sonntag
die Spagetti
spät
spazieren gehen, das Spazierengehen
der Spiegel, die Spiegel
spielen
der Sport
der Sportschuh, die Sportschuhe
die Sporttasche, die Sporttaschen
die Sprache, die Sprachen
sprechen
die Spüle, die Spülen
die Stadt, die Städte
der Stadtpark, die Stadtparks
der Stamm, die Stämme
der Stängel, die Stängel

der Star, die Stars
steil
die Steppe, die Steppen
der Stern, die Sterne
der Stift, die Stifte
das Stockwerk, die Stockwerke
die Straße, die Straßen
die Straßenbahn,
die Straßenbahnen
das Stück, die Stücke
der Stuhl, die Stühle
die Stunde, die Stunden
der Stundenplan, die Stundenpläne
der Sturm, die Stürme
suchen
super
der Supermarkt, die Supermärkte
die Suppe, die Suppen
surfen, das Surfen
das Sweatshirt, die Sweatshirts

T

das T-Shirt, die T-Shirts
die Tafel, die Tafeln
der Tag, die Tage
tanzen, das Tanzen
die Tasse, die Tassen
tauchen, das Tauchen
das Telefon, die Telefone
der Teller, die Teller
der Teppich, die Teppiche
der Termin, die Termine
Thüringen
das Tier, die Tiere
der Tiger, die Tiger
der Tisch, die Tische
die Toilette, die Toiletten
toll
die Tomate, die Tomaten
der Topf, die Töpfe
das Training
die Traube, die Trauben
traurig
die Treppe, die Treppen
trinken
der Tropfen, die Tropfen
Tschechien
tschechisch
Tschüs!
tun
die Tür, die Türen
die Turnhalle, die Turnhallen

U

die U-Bahn, die U-Bahnen
über
überhaupt
übermorgen
die Uhr, die Uhren
die Uhrzeit
um
und
unglücklich
unten
unter
der Unterricht

V

der Vater, die Väter
die Verkäuferin, die Verkäuferinnen
verliebt
verstehen
vom
von
vorlesen
der Vormittag, die Vormittage
vormittags

W

wählen
der Wal, die Wale
der Wald, die Wälder
wann
warm
was
Was soll das?
das Waschbecken,
die Waschbecken
waschen
das Wasser
wechselhaft
wehtun
weiß
der Weizen
die Welt
wer
das Wetter
wichtig
wie
die Wiese, die Wiesen
das Wild
der Wind, die Winde
windig
der Wintersporttag,
die Wintersporttage
wir
die Wirtschaft
wissen
wo
die Woche, die Wochen
das Wochenende,
die Wochenenden
woher
wohin
wohnen
der Wohnort, die Wohnorte
die Wohnung, die Wohnungen
das Wohnzimmer,
die Wohnzimmer
die Wolke, die Wolken
der Wolkenkratzer,
die Wolkenkratzer
wolkig
die Wurst, die Würste
die Wurzel, die Wurzeln
die Wüste, die Wüsten
wütend

Z

die Zahl, die Zahlen
der Zahn, die Zähne
der Zahnarzttermin,
die Zahnarzttermine
die Zahnbürste, die Zahnbürsten
die Zahnschmerzen
zeigen
die Zeit, die Zeiten
die Zeitschrift, die Zeitschriften
die Zeitung, die Zeitungen
das Zimmer, die Zimmer
die Zitrone, die Zitronen
zu
zu Fuß
zu Hause
die Zubereitung
der Zucker
der Zug, die Züge
zum (zu dem)
zur (zu der)
zwei